杰斐逊总统

独立战争、国父时代与共和思想在美国的滥觞

［美］约翰·T.莫尔斯 著　买天春 译

THOMAS JEFFERSON

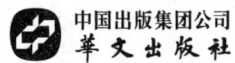

中国出版集团公司
华文出版社

图书在版编目（CIP）数据

杰斐逊总统：独立战争、国父时代与共和思想在美国的滥觞 /（美）约翰·T.莫尔斯著；买天春译. -- 北京：华文出版社, 2019.1

ISBN 978-7-5075-5042-9

Ⅰ. ①杰⋯ Ⅱ. ①约⋯ ②买⋯ Ⅲ. ①杰佛逊(Jefferson, Thomas 1743-1826)—生平事迹 Ⅳ. ①K837.127=41

中国版本图书馆CIP数据核字(2018)第289903号

杰斐逊总统：独立战争、国父时代与共和思想在美国的滥觞

作　　者：	[美] 约翰·T.莫尔斯
译　　者：	买天春
选题策划：	华章盛世
插图供应：	029—85504182
责任编辑：	贺金娥
出版发行：	华文出版社
社　　址：	北京市西城区广外大街305号8区2号楼
邮政编码：	100055
网　　址：	http://www.hwcbs.com.cn
电　　话：	总编室010—58336239
	发行部010—58336212
经　　销：	新华书店
印　　刷：	三河市国英印务有限公司
开　　本：	710×1000　1/16
印　　张：	22
字　　数：	280千字
版　　次：	2019年1月第1版
印　　次：	2019年1月第1次印刷
标准书号：	ISBN 978-7-5075-5042-9
定　　价：	88.00元

版权所有　侵权必究

殖民地人民拉倒乔治三世的雕像

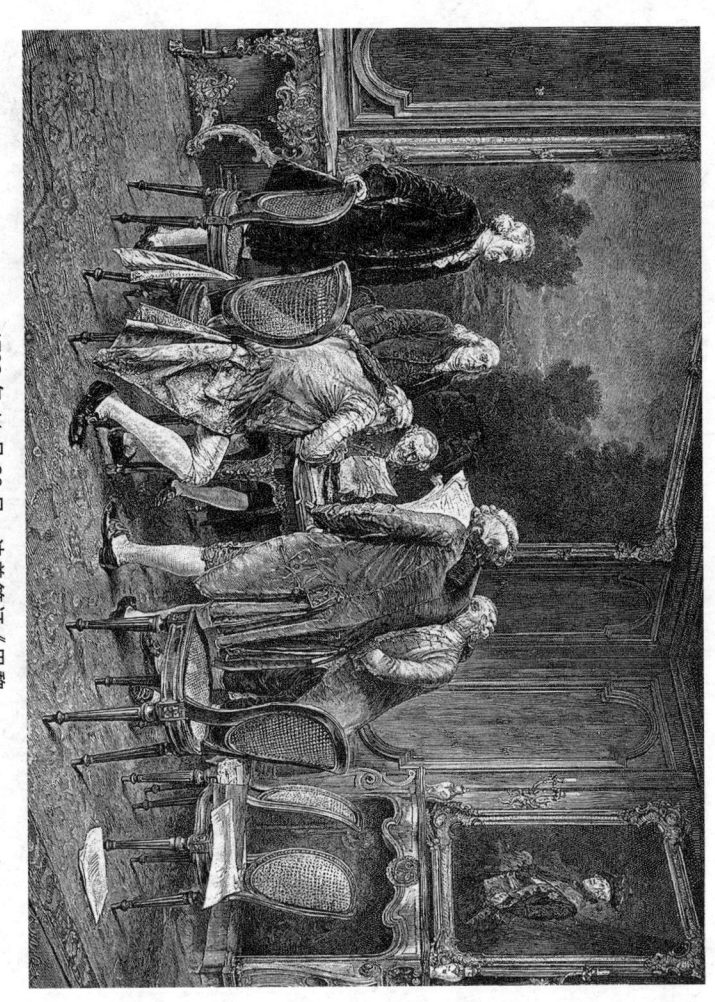

1782年11月30日,法美签订《巴黎条约》,法兰西王国正式参加对英作战

1783年9月3日,英美签署《巴黎条约》,美国独立战争结束

拉法耶特侯爵吉尔伯特·德·莫蒂

目 录

第1章 成长之路与兴趣爱好 / 001

弗吉尼亚的种植庄园主——彼得·杰斐逊——少年时的教育——威廉-玛丽学院——学习法律——爱情与婚姻——基层法院的工作——经营农场的兴趣——广泛的爱好

第2章 弗吉尼亚议员 / 017

帕特里克·亨利的演讲——当选议员——起草决议——联络委员会——禁食和祈祷日——最叛逆的决议——弗吉尼亚代表大会——殖民地的宣言——北美殖民地与英国的关系——大陆会议代表

第3章 大陆会议与《独立宣言》 / 031

到达费城——讨厌争论——约翰·迪金森的声明——大陆会议委员会成员——代表们的争论——脱离英国殖民统治——起草《独立宣言》——讨论理查德·亨利·李的决议——如何对待奴隶贸易——约翰·汤普森的故事——签署《独立宣言》

第4章 弗吉尼亚的革新与立法 / 059

拒绝担任大陆会议代表——共和政府——废除限嗣继承制——摧毁贵族制度——宗教改革——修改弗吉尼亚法律——创新学校体制——反对奴隶制

I

第 5 章　独立战争中的弗吉尼亚州长 / 075

接任弗吉尼亚州长——筹备战争物资——迎战英国军队——如何对待俘虏——英国人的突袭——弗吉尼亚的危机——抓捕叛徒——躲避抓捕——英国军队在抢劫——伤心卸任——再不参与公共事务

第 6 章　国会议员 / 097

退隐在家——中年丧妻——给孩子们的教导——外交使命——有原则的国会议员——各州联合委员会——确定货币单位——划定共有区域——奇思妙想

第 7 章　出使法兰西与法兰西大革命 / 107

远赴法兰西——法兰西人的友好——美国的债权人——英国人态度——新闻报道中的谣言——战争与和平的矛盾——参与法兰西大革命——谨慎行事——观点和情感——丹尼尔·谢司起义——有报纸而没有政府——对宪法的观点

第 8 章　出任国务卿与反对亚历山大·汉密尔顿 / 127

出任国务卿——内阁成员——战时债务承担——政治交易——无力的辩解——亚历山大·汉密尔顿的财政方案——奇异的想法——分歧越来越大——错误的说法——不共戴天——对死人的诽谤

第 9 章　反对君主政体及同联邦党人论战 / 143

成功的政治家——君主政体的影子——支持共和的人——坚持自己的观点——财政政策——投机活动——银行法案——银行促了腐败——国债——支持新宪法——广大民众的支持——菲利普·弗瑞诺引起的论战

第 10 章　美国中立与法兰西特使的阴谋 / 169

法兰西大革命——国内政治形式——美国的中立——法兰西特使埃德蒙·查尔斯·热内——英国出现了破产——热内的真实意图——偿还法兰西债务——财政部长越权行事——党内的狂热分子——盼望着退休——自相矛盾的指责

第 11 章　国内外政治形势与《杰伊条约》 / 187

在家耕作——国外政治形势——关于贸易的报告——民主社会团体——总统的行为令人

忧虑——威士忌酒税暴动——《杰伊条约》——反对共和党的巨人——乔治·华盛顿的继任者——共和党的前景

第 12 章　担任副总统与竞选总统 / 195

选举总统和副总统——联邦党内的阴谋——不愿担任职务——特别的任职方式——与约翰·亚当斯交好——总统和副总统的分歧——来自法兰西的抱怨——写给马泽伊的信——"XYZ"事件——反对备战——抗议违反宪法的行为——州与联邦分离——联邦党人的诽谤——竞选总统——联邦党人的阻挠——宪法的缺陷

第 13 章　温和的执政与卡伦德的诽谤 / 227

即将下野的联邦党人——总统就职仪式——过度的简单朴素——梅里先生的不满——乌托邦式的和谐——两党建立了共同的原则——新英格兰的复兴——对联邦党人的宽容——官员免职——卡伦德的诽谤

第 14 章　购买路易斯安那 / 241

不盲目崇拜宪法——密西西比河上的权利——新奥尔良港口——西班牙与法兰西的条约——"故友"变成"宿敌"——与英国交好——美国西部尚武精神——众议院长的决议——购买路易斯安那——接管密西西比地区——应对联邦党人的异议——宪法修正案

第 15 章　弹劾法官与再次当选总统 / 265

指控皮克林——弹劾塞谬尔·蔡斯——约翰·伦道夫的缺点——个人权威——政绩斐然——精简节约的政策——下一届总统候选人——总统任期——连任的理由——共和党内部的纷争——再次当选总统

第 16 章　约翰·伦道夫背叛杰斐逊和阿伦·伯尔叛国 / 275

辉煌中的忧虑——坚持中立——在和平中发展——美国的两难处境——西班牙的威胁——约翰·伦道夫背叛——民众的深思——叛国阴谋——阿伦·伯尔受审——法庭指控——宪法的首要原则

第 17 章　海上的困境与禁运政策 / 289

航运危机——"奎兹"联盟——桑迪岬岛事件——美国的海军——是否应该降低关税——

内部改良学说——与英国的条约——"切萨皮克"号事件——《禁运法案》——美国的损失——禁运的理由——禁运政策的废除——载誉而退

第 18 章 退休后的工作与政治观点 / 317

退休后的工作——扩大美国领土——给财政部长的建议——对战争的看法——邪恶的一面——密苏里妥协案——南北分界线——关于奴隶解放的观点——与司法部门的斗争——声明和抗议

第 19 章 晚年的贡献和最后的时光 / 327

"圣人"形象——好客的前总统——源源不断的参观者——妻子的债务——经济上的困难——处理财产——全国各地的资助——弗吉尼亚大学——是不是基督徒——最后的岁月

专有名词中英对照 / 337

第 1 章

成长之路与兴趣爱好

精彩看点

弗吉尼亚的种植庄园主——彼得·杰斐逊——少年时的教育——威廉-玛丽学院——学习法律——爱情与婚姻——基层法院的工作——经营农场的兴趣——广泛的爱好

大概一个世纪之前，没有贵族的文明国家实属罕见。最早踏上美洲大陆的殖民者并未将贵族制度带到这片蛮荒之地。出于道义，他们权衡利弊，遵循欧洲惯例，依当地风尚，对弗吉尼亚富有的种植庄园主们推崇备至。这些种植庄园主们完全有资格凭借既定身份行事。他们以打牌、赌马、斗鸡的形式肆无忌惮地赌博，并以此为乐。他们生活奢靡，生性慵懒，妄自尊大，总觉得高人一等，认为领导并管理别人既天经地义又责无旁贷。他们拥有大量庄园，保留了长子继承的习俗，异常重视家庭谱系和荣耀。虽然宽敞的住房因管理不善而破旧不堪，但他们依旧热情好客。他们酷爱野外活动，马术精湛，令人艳羡。他们崇尚荣誉，也愿意为之挺身而出甚至流血牺牲。他们慷慨大方，勇猛果敢，兴致高昂，其中一部分人饱读诗书，受过良好的教育。众所周知，他们中最优秀的分子面对艰难困苦考验时的表现，丝毫不弱于已载入史册的精英们。①但要研究这些卓越的前辈和他们得以应运而生的社会环境，则如同荆棘丛中摘葡萄、蒺藜堆里摘无花果一样难。

---

① 在成名之前，乔治·华盛顿、托马斯·杰斐逊以及詹姆斯·麦迪逊都未能有幸成为弗吉尼亚贵族家庭所组成的排外小圈子内的一员。——原注

1743年4月13日，杰斐逊①出生在弗吉尼亚一个平民家庭。有一种说法在杰斐逊家族中世代相传，杰斐逊的祖先曾生活在威尔士斯诺登峰一带，后来移居美洲。"五月花"号载着整船货物从葡萄牙到达新英格兰海岸之前，杰斐逊的祖先已随最早的欧洲移民到了弗吉尼亚。杰斐逊的父亲彼得·杰斐逊身强体健、富有智慧、吃苦耐劳，在弗吉尼亚安家立业。初到弗吉尼亚，彼得·杰斐逊与来自塔卡霍的威廉·伦道夫交好，并在威廉·伦道夫的大片庄园旁边开荒置田，足有千亩。后来彼得·杰斐逊又从朋友手中购得四百多英亩土地。交易价格像"亨利·韦瑟伯恩的一大碗潘趣酒一样便宜"，这在契约中都有记载。1738年，彼得·杰斐逊迎娶了威廉·伦道夫的表妹简·伦道夫。两家的关系变得更加亲密了。后来，杰斐逊曾轻描淡写地提起，贵族血统的注入使普通的杰斐逊家族变得与众不同。杰斐逊还以典型的民主式口吻嘲讽地说道，自己母亲的血统可追溯到遥远的英格兰和苏格兰。人们认为，杰斐逊所有的信念和优点都源于引以为豪的贵族血统。

彼得·杰斐逊的种植庄园位于里瓦纳河畔。这里平原广阔，西南面是延绵起伏的丘陵，适宜大面积种植小麦。因妻子出生在伦敦沙德韦尔地区，彼得·杰斐逊将此地命名为"沙德韦尔"。丘陵间便是蒙蒂塞洛。后来杰斐逊在此安家落户，经营庄园。彼得·杰斐逊既是上校又是弗吉尼亚议会议员，在当地的社会地位很高。1757年，五十岁的彼得·杰斐逊正当年富力强，当年8月却突然撒手人寰。年仅十四岁的托马斯·杰斐逊继承了大笔遗产，母亲娘家又有极好的家庭背景，有此优越条件，日后成就辉煌人生也顺理成章。

杰斐逊在弗吉尼亚最好的教育环境中成长。他结合自身实际，理性地发展自我，注重锻炼身体。少年时的杰斐逊身材高大，体格健壮，脸部轮廓棱角分明，发色赤金，眼睛灰褐，看起来并不怎么帅气。但

---

① 即托马斯·杰斐逊，美国第三任总统，彼得·杰斐逊之子。——译者注

"五月花"号到达新英格兰海岸,英格兰殖民者换乘小船登陆

他沉着镇定、宅心仁厚、能言善辩、言谈得体、温文尔雅、富有幽默感。随着年龄渐长,杰斐逊的容貌有所改变,中年时相貌堂堂,步入老年更加端庄潇洒①。杰斐逊热爱运动,喜欢打猎,精于马术,酷爱音乐,擅长拉小提琴。1760年,杰斐逊实现了自己的愿望,到威廉-玛丽学院学习,年仅十七岁。威廉-玛丽学院位于弗吉尼亚殖民地首府威廉斯堡。鉴于和威廉·伦道夫一家的交情,杰斐逊得以享用威廉-玛丽学院最好的公寓。②

威廉-玛丽学院

---

① 塔克:《杰斐逊传》,第29页。——原注
② 不要把威廉斯堡想得太过完美,这是一个村子,住着二百多户人家,白人、黑人共有一千人。除商人外,有十到十二家绅士在此常住。只有在冬季立法会议期间,这里才"挤满了贵族"。帕顿:《杰斐逊传》,第20页。——原注

第 1 章 成长之路与兴趣爱好

威廉·斯莫尔博士来自苏格兰,是数学教授,临时兼授哲学。他擅长教学,方法巧妙,热爱学习,深深地感染了自己的学生。杰斐逊认为,大学里遇到的这位老师决定了自己一生的命运。

大学二年级时,杰斐逊养成一天学习十五小时的习惯,并在早晨和黄昏苍茫的天色中锻炼身体。1808年,杰斐逊给孙子写信,简要叙述了自己在大学时期的生活。信中不乏对孙子的谆谆教导,也显现出杰斐逊从小与众不同的自律能力。杰斐逊情不自禁地思忖,当时诱惑颇多,年少的自己为什么能够洁身自好。杰斐逊喜欢数

威廉·斯莫尔博士

学和自然哲学,爱读经典著作。除了伦理学和形而上学外,他尽力避开那些混在一起、令人讨厌的学问,沉迷于能激发求知欲、学起来轻松愉快的学科。杰斐逊曾毫不避讳地说,上道德哲学课纯粹浪费时间,若有人将道德行为当作科学,只会使别人变成草包的同时也让自己成为可怜的草包。杰斐逊认为,道德永远不是一门真正的科学。成年以后,杰斐逊依然坚持年少时这种有点异端的看法。杰斐逊博览群书,精心选择而不拘泥于一类。他研读了希腊文、拉丁文经典作品与英国文学经典,对法兰西、意大利的作品也有涉猎。杰斐逊曾长期迷恋古爱尔兰诗人奥西恩[①]夸张的语言风格。杰斐逊并不讨厌小说,只是很少主动读小说而已。

[①] 奥西恩又译为"莪相",3 世纪时爱尔兰诗人。实际上,所谓"奥西恩的作品"大部分是苏格兰诗人詹姆斯·麦克菲森自己的创作。——译者注

从威廉-玛丽学院毕业后，杰斐逊师从乔治·威思学习法律。与杰斐逊同时期的知名人士都认为乔治·威思是一位交际能力超群、专业造诣深厚的绅士。

杰斐逊学习时劲头十足，养成了每天学习十五小时的习惯。大概二十一岁那年，杰斐逊制定了一份学习计划，并念给朋友听。计划如下：早上8时以前专心钻研物理学，8时到12时探究法律，中午12时到13时研究政治，下午学习历史，天黑到睡觉前安排了文学和演说……当时

乔治·威思

弗吉尼亚其他青年们正吃着蛋糕，喝着啤酒，与年轻的姑娘约会，或在罗利酒馆跳舞，抽时间打打牌、骑骑马，尽情享受美好生活。每天坚持学习十五小时或许令人难以置信，可杰斐逊总能严格要求自己，按时完成学习任务。威廉·斯莫尔博士、乔治·威思先生与他们这位年轻的学生——杰斐逊经常在弗朗西斯·福基尔的豪华住宅内举行"四人论谈"。弗朗西斯·福基尔是弗吉尼亚总督，温文尔雅，富有智慧，思想自由，却嗜赌成性。尽管每天得学习十五小时，杰斐逊仍然常和三位朋

弗朗西斯·福基尔

友一起吃饭。杰斐逊虽然只是个求学的毛头小伙子,心智不太成熟,但很快与这三位绅士结为好友。更幸运的是,杰斐逊从"四人论谈"中获得了丰富的知识,而没有染上恶习。

杰斐逊的好友约翰·佩奇出生于弗吉尼亚声名显赫的佩奇家族,后来成为弗吉尼亚州州长。学习法律期间,杰斐逊不怕费力劳心,几次给约翰·佩奇写信,能幽默时就幽默,多处引经据典,还用了拉丁文,但绝无卖弄才华之意。信中重点提到了一些女孩。她们的脸蛋很漂亮,名字却不怎么好听,如苏姬·波特、朱迪·伯韦尔等。杰斐逊喜欢一个叫

约翰·佩奇

"贝琳达"的姑娘,并向她表白,不过,杰斐逊不想马上与这位"贝琳达"订婚。因为他想去欧洲,且归期不定。杰斐逊向"贝琳达"承诺,去欧洲后对她情真意切,永不变心。"贝琳达"觉得从杰斐逊的承诺中感受不到炽热的真情,拒绝了杰斐逊,不久便另嫁他人。情场失意后,杰斐逊还给心爱之人写过一两封信,但最终未能感动她。舒舒服服地过了几年单身生活后,杰斐逊对年轻的寡妇巴瑟斯特·斯凯尔顿萌生爱意,将自己温暖而真诚的心都交给了她。1772年1月1日,杰斐逊和巴瑟斯特·斯凯尔顿结为伉俪。从年鉴编者们冠冕堂皇的记述中可以看出,杰斐逊的新娘具有女性身上一切引人瞩目的优点。巴瑟斯特·斯凯尔顿风姿绰约,落落大方、性情温顺、才华横溢。她父亲约翰·威思是一位律师。巴瑟斯特·斯凯尔顿与杰斐逊结婚大约六个月后,约翰·威思就去世了。杰斐逊顺理成章地继承了岳父的遗产。

杰斐逊并非为了得到巴瑟斯特·斯凯尔顿的财产才娶她为妻。他自己虽未富甲一方,可生活充裕,财富积累也不慢。杰斐逊原有土地一千九百英亩,结婚时又购置了一些,婚后多达五千英亩,原有奴隶三十人,后来增加到五十二人。杰斐逊的薪酬每年高达三千美元,[①] 还能从农场收入两千美元,当时在弗吉尼亚也算高收入了。杰斐逊致力于改善公众生活,无暇发家致富。他好像命中注定有积累财富的本事。人们不知道他的理财能力有多强。

1767年,杰斐逊二十四岁。当时他经营着一个酒吧,七年后关门了。酒吧关门后,杰斐逊放弃了经商,步入令人羡慕的法律行业。或许法律诉讼是弗吉尼亚人的首选职业,或许是杰斐逊意外地交了好运。基层法院工作期间,杰斐逊第一年接了六十八个案件,第二年上升到一百一十五个,第三年为一百九十八个。基层法院成立之前的案件没有

---

① 婚后七年中,杰斐逊每年平均花费三千美元。——原注

记录在案。亨利·兰德尔先生说，杰斐逊声音沙哑，没能成为出色的辩护律师，主要做咨询律师的工作。

从杰斐逊所做的笔记可知，无论何时何地，他经营农场的兴趣始终如一，并未因公务繁忙而有所减退。实际上，与自己的开支相比，杰斐逊经营农场获得的收入显得微乎其微。已出版的《杰斐逊文集》第一卷收录了一篇醒目的文章，有点儿残缺不全，也未标注写作日期。文中写道："是否我的国家因我的存在而变得更加美好……我对以下事情责无旁贷。"然后列举了诸如弗吉尼亚政教分离、取消不动产限嗣继承制、禁止进口奴隶、起草《独立宣言》等事件。一张不太长的清单上密密麻麻地记录了将马赛的橄榄、非洲高山旱稻引进到南卡罗来纳州和佐治亚州，来代替夏天易生疫病的水稻等重大事项。杰斐逊说："为国家引进一种可栽培的作物，是对国家最大的贡献。粮食作物比石油更重要。"在另外一页，杰斐逊写道："地球上劳作的人是上帝的选民。上帝有了选民，就得让他们吃饱，这才是真正的美德。"任何时代、任何国家，农民道德败坏的现象鲜而有之。一般说来，一个国家其他公民与农民的比例就是道德不健全的人与道德健全的人的比例，反映了本国的道德水准。杰斐逊认为千万不可引进欧洲的工匠。这些工匠待在欧洲的车间里更合适。让他们"去给工人们送饭、供水、递材料，并要按工匠们自己所定的规矩进行。不能让别人为他们做这些事情。"这种观点在政治经济制度健全的当下显然有点匪夷所思。由此可见，杰斐逊富于想象，容易产生不现实的想法。黄热病侵袭时，杰斐逊在沉思中得到慰藉，觉得上帝将世间万物管理得井然有序。他认为恶是善的根源。黄热病将减缓大城市的发展。大城市的迅猛发展对人类的道德、健康和自由有害无益。丰富的阅历未能改变杰斐逊以往的观点。1785年，杰斐逊在巴黎写道："农民是世界上最有价值的公民。他们精力充沛、独立自主、心地善良。他们永远与自己的国家同呼吸、共命运……工匠们是邪恶的始作俑者，

从事律师职业时期的杰斐逊

他们颠覆了国家的自由。""我坚信自己的理论，希望我们的国家既不经营商业、航海，也不与欧洲保持联系，像中国一样自给自足。"

杰斐逊对农业情有独钟，再忙也要抽时间记录什么时候该种植，什么时候蔬菜和水果会成熟。杰斐逊画了一个表格，记录了三十七种可食之物，并标明连续八年内它们各自在华盛顿市场上最早的上市时间。杰斐逊观察敏锐，才思敏捷，走在田间地头，总能获得一些新知识，不经意间发明一些有用的东西。在忙碌的从政生涯中，杰斐逊一直关注土地和农民，不停地比较不同耕种方法所产生的结果，向各地发放新种子，甚至向耕种者提建议，帮助农民做试验。从杰斐逊的经历可以证实，弗吉尼亚的种植庄园主们不思进取的说法纯粹是无稽之谈。杰斐逊做事雷厉风行，根本没有盎格鲁-撒克逊人保守的一面。

杰斐逊是功利主义者，文学鉴赏力不强，想象力丰富，常关注那些不起眼却很实用的领域，尽可能为民众谋些实际利益。他认为农业和政治一样重要。杰斐逊的梦想与自己同胞们的日常生活息息相关。将理想变为现实是杰斐逊一生的追求。杰斐逊乐于探索新生事物，思想和行动颇具个人风格。不想安于现状的民众很乐意接受他的建议。

杰斐逊的爱好十分广泛。奥西恩的作品、青年时代的生活、爱情的经历深深影响着他。杰斐逊曾对别人的一些做法嗤之以鼻。譬如，计算哪些活要用独轮手推车完成，哪些活得用两轮手推车完成；修一段木栅用多少颗钉子，花多少钱；砌一堵石墙要用几磅石灰、多少块石头等等。不过，在完成装饰性工作时，杰斐逊筹划周详，精于计算。杰斐逊曾幻想，在公园中荒僻的溪谷选择一处"埋骨之地"。溪水汩汩流淌，古老珍贵的橡树环绕四周，常青之树郁郁葱葱。中间要有一座外观独特的哥特式小神殿。这里一半留给自家，另外一半给投宿者、仆人使用。骨灰瓮要放在刻有墓志的基座上。忠诚的仆人死后，其坟墓要用粗糙的石头堆成金字塔状。此处还得开凿一个漂亮的石洞，并用晶莹剔透的鹅卵石

爱尔兰诗人奥西恩,坐在他身边的女子为玛尔维娜

和漂亮的贝壳装饰。溪水缓缓流过，睡椅上长满青苔，林间仙女在此安然入睡。岩洞壁上用英文和拉丁文刻上箴言。杰斐逊从来没有认真对待过这些无聊的幻想，更没有打算建造迷人的坟茔。他正关注着一份重要而有意义的工作。

第 2 章

弗吉尼亚议员

精彩看点

帕特里克·亨利的演讲——当选议员——起草决议——联络委员会——禁食和祈祷日——最叛逆的决议——弗吉尼亚代表大会——殖民地的宣言——北美殖民地与英国的关系——大陆会议代表

上大学的时候，杰斐逊结识了帕特里克·亨利。帕特里克·亨利是一个家庭贫寒、滑稽可笑、默默无闻的乡下人。当时帕特里克·亨利刚刚成年，对法律一无所知。杰斐逊与帕特里克·亨利很快成为挚友。帕特里克·亨利在弗吉尼亚议会工作时，经常住在杰斐逊威廉斯堡的单人公寓里。1765年5月，帕特里克·亨利掷地有声地发表了反对税收的演讲，成了弗吉尼亚爱国人士中出类拔萃的人物。帕特里克·亨利演讲时，杰斐逊站在大厅门口出神地聆听，思考帕特里克·亨利说的"正如荷马所写的那样"意味着什么。帕特里克·亨利才华横溢，颇具吸引力，影响了更多本已蠢蠢欲动的青年，使他们成为真正的叛逆者。杰斐逊生性勇敢，追求自由，富有思想，遇事沉着冷静，绝不心浮气躁。那些年，杰斐逊密切关注公共事务。北美大地上独立战争的火种已经点燃，呈澎湃发展之势。杰斐逊对革命颇具同情心，满腔热情地加入了革命队伍。1768年，弗吉尼亚来了新总督。弗吉尼亚议会必须进行选举。杰斐逊抓住机会积极参与，自荐为阿尔伯马尔郡的候选人。杰斐逊盛情款待来客，准备了喝不完的潘趣酒，站在投票站旁边，彬彬有礼地向投票的选民鞠躬，一切都按照弗吉尼亚当时的风俗进行[1]。功夫不负有心人，杰

---

[1] 詹姆斯·帕顿：《杰斐逊传》，第88页。——原注

帕特里克·亨利激情演讲

帕特里克·亨利在弗吉尼亚议会发表演讲

斐逊最终成功当选弗吉尼亚议员。1769年5月11日，杰斐逊开始在弗吉尼亚议会任职。博特托尔勋爵诺伯恩·伯克利代表英国王室发表演说。杰斐逊起草了决议，作为回复的主体部分。谁也没想到杰斐逊起草的决议遭到否决。杰斐逊觉得自己受到了严重的屈辱，于是亲自去回复。1769年5月13日，弗吉尼亚议会通过了一些类似《人权法案》的决议。弗吉尼亚总督博特托尔勋爵诺伯恩·伯克利惊慌失措，认为议员们可恶之极，立刻解散了议会。1769年5月14日，弗吉尼亚所有议员聚集在罗利酒馆狭长的"阿波罗"大厅开会，包括杰斐逊在内共八十八人。会上成立了"禁止进口联盟"，形成了抵制英国商品的决议。该决议上签名的所有议员都由选民重新选举产生。后来，英国"葛斯比"号巡逻艇在纳拉甘塞特湾被殖民地居民烧毁。英国议会做出极端的决定：殖民地的任何居民"摧毁""水手大衣的纽扣"[①]，都将被带到英国受审，并处以死刑。1773年3月，弗吉尼亚议会的议员们又一次开会，心情极不舒畅。杰斐逊和其他五六个人私下里进行了磋商。杰斐逊说："我们的先驱缺乏时代所需的热情和进取心。"会上产生了常务委员会，负责与姊妹殖民地设立的同级委员会通信联络。当时的总督邓莫尔勋爵约翰·默里解散了弗吉尼亚议会。弗吉尼亚联络委员会在议会解散后的第二天开会，向各殖民地发出了邀请信。后来人们无聊地争论，是马萨诸塞还是弗吉尼亚首先用这种联络方式。杰斐逊明确指出，弗吉尼亚领先于马萨诸塞，而且拿出了证据。马萨诸塞人认为，他们比弗吉尼亚早两年提出了这个建议，因没有付诸实践，所以知道的人很少。

　　1774年春，弗吉尼亚议会的议员们正在开会，传来了《波士顿港口法案》的消息。杰斐逊和另外十余位议员一致认为"处理这些问题时，众议院的领导席位不应该再留给老议员们了"，并且认为弗吉尼亚"必

---

① 18纪末，英国海上势力日渐强大，经常派出舰船到殖民地巡逻。此处作者借用"水手大衣的纽扣"指代所有用来保护大英帝国利益的坚船利炮。——译者注

"葛斯比"号巡逻艇在纳拉甘塞特湾被殖民地居民烧毁

须英勇地和马萨诸塞站在一起"①。杰斐逊与其他议员秘密会面,制定了相应措施,确定了禁食和祈祷日,在弗吉尼亚议会中形成决议,并付诸实践。总督邓莫尔勋爵约翰·默里又一次解散了弗吉尼亚议会。杰斐逊与其他议员又去了"阿波罗"大厅,通过了最叛逆的决议。其中之一

邓莫尔勋爵

---

① 杰斐逊后来写道,事实证明"亨利、利斯、佩奇、梅森等人大无畏的精神完全符合事态的发展,我全力支持他们的观点。我们的选民很明智,意见一致,这很重要。我们总希望事情发展得快一点。如果我们放慢了脚步,那些缺乏革命热情的同胞就可能会赶上我们。这些同胞已经改变固有的谨慎,阔步向前,巩固了英国的力量。在大胆与谨慎和谐共存的当下,我们与选民们团结一致,共同奋进,永不分开。"——原注

第 2 章 弗吉尼亚议员

是要求联络委员会利用每年殖民地大会的便利条件,向其他殖民地征求意见。还有一项是拟定于 1774 年 8 月 1 日在威廉斯堡举行弗吉尼亚代表大会。阿尔伯马尔郡的世袭地产保有人再次选举杰斐逊为议员和大会代表。

去参加弗吉尼亚代表大会的路上,杰斐逊得了痢疾,未能亲自前往。杰斐逊准备了一份提案,希望参加弗吉尼亚代表大会的代表们能将该提案转交给大陆会议。帕特里克·亨利收到了提案副本,却没有传给任何人看,因为他不同意杰斐逊的观点。帕特里克·亨利"也许"懒得去读。很幸运,提案的另一份副本交给了大会主席佩顿·伦道夫。佩顿·伦

佩顿·伦道夫

道夫将其放在桌上,别的议员们正好也看到了。大家认为杰斐逊的提案不错,于是以《英属北美民权概述》为标题,将之刊印成了小册子。这本小册子传到英国,"被反对派所接受,反对派领袖埃德蒙·伯克先生对其做了补充"[①]后,在英国广泛流传,很快形成了若干版本。

那时的北美殖民地,宣言随处可见。许多"笔杆子"都在起草文件。有政府的,有私人的,有的出了名,有的不为人们所知,但没有一个不是精益求精、生气勃勃、慷慨激昂又言简意赅的。杰斐逊的提案也难免

埃德蒙·伯克

---

① 亨利·兰德尔:《杰斐逊传》,第1卷,第89到90页。——原注

染上俗流。他像别人一样鼓吹自由民主的权利，反对君主压迫。在一篇义无反顾地表达积极进取精神且论证合理的文章中，这些小小的瑕疵又能算得了什么呢？杰斐逊认为，现代英国人的祖先"撒克逊"人也是从别处移民到英国的，"这与英国人移民到美洲殖民地没什么分别。来美洲的移民们没有声称自己有多么优越，也没有人依赖自己的祖国——英国。他们宣称大不列颠国王的臣民们深信祖先赋予他们的权利，对国家的君主顶礼膜拜，难免脱离实际又显得自命不凡。撒克逊人曾征服了英格兰。英国人与撒克逊人本质上没有差别。英国人征服了北美，将其作为殖民地。北美殖民地的稳固与发展以殖民地人民的利益为代价，与英国人无关。"

英国人对待北美殖民地的方式如同将斧头放在了树根上，只是还没有用力去斩草除根罢了。殖民地与母国的确存在联系。在巧妙的解释之下，这种联系似乎变得微乎其微。杰斐逊说，来美洲新大陆的移民们"臣服于同一君主，继续与英国保持联系是合乎情理的。因为君主协调了大英帝国各成员国之间的关系，是他们的核心。""英国和这些殖民地的关系正如英格兰国王詹姆斯一世即位到不列颠联合王国成立这段时间内的英格兰和苏格兰的关系，也像现在英国与汉诺威的关系，除了有共同的君主，再没有别的必然联系。"所以，"英国议会无权干涉北美事务。英国议会如果一意孤行，那就是用自由独立的立法权剥夺了我们的立法独立和自由。"

杰斐逊的革命性言论和不到两年后美国人所期望的《独立宣言》相差无几。要是英国人带杰斐逊去威斯敏斯特大厅的话，这些言论足以让杰斐逊掉脑袋。如果殖民地的暴力反抗延续的时间再长一点，英国人或许真会带杰斐逊去英国。《英属北美民权概述》的小册子流传不久，英国议会出台《剥夺公民权利法案》，法案中附了一份很长的被剥夺了公民权利的人员名单，其中就有杰斐逊的名字。这本小册子也被英国人采

詹姆斯一世

诺斯勋爵弗雷德里克

取紧急措施抑制在萌芽状态。杰斐逊的支持者们对此一点也不感到惊讶，认为"大多数民众并不适应激进式的跨越"。多年后，杰斐逊也坦率地承认，当时民众的选择很明智。1775年4月，鉴于佩顿·伦道夫可能会离开大陆会议，弗吉尼亚的议员们又选举杰斐逊为候补人员。几周后，杰斐逊接替了佩顿·伦道夫的职务。杰斐逊花了不少时间代表弗吉尼亚议会给诺斯勋爵弗雷德里克著名的"橄榄枝"式的"和解提议"写答复。乔治·尼古拉本愿意承担这份工作，可大家担心他的思想已赶不上时代的发展，于是就让杰斐逊起草答复。

1775年6月10日，弗吉尼亚议会接受了杰斐逊的草案。"乔治·尼古拉和默瑟先生对草案顾虑重重"，稍微修改了一下。杰斐逊认为，这种修改"到处泼凉水，生怕言辞过于激烈。"几天后，杰斐逊带着答复前往大陆会议任职。大陆会议也期望这份答复能成为率先进入英国内阁议题的殖民地答复。

第 3 章

大陆会议与《独立宣言》

精彩看点

到达费城——讨厌争论——约翰·迪金森的声明——大陆会议委员会成员——代表们的争论——脱离英国殖民统治——起草《独立宣言》——讨论理查德·亨利·李的决议——如何对待奴隶贸易——约翰·汤普森的故事——签署《独立宣言》

杰斐逊整整走了十天才到达费城，于1775年6月21日参加了大陆会议。查塔姆勋爵威廉·皮特发自内心地说，与会成员们空前优秀。他们推理严密、聪敏睿智、善于总结。三十二岁的杰斐逊与其他几位年轻代表在同一个集体中工作①，另外还有七十一岁的本杰明·富兰克林博士，七十六岁的爱德华·拉特里奇。几位老者常帮助年轻人。大陆会议的代表们代表着北美殖民地的所有选民。杰斐逊学识渊博，文采飞扬，有主见，一时名声大振。参加大陆会议的大多数人都支持他，认为他前途无量。谁也没有料到，杰斐逊并不擅长辩论。即使在民主讨论时，他也经常讲不好。一方面他声音沙哑，另一方面他生来就讨厌争论。

杰斐逊写文章时见识超群，与别人争辩时却退避三舍。他当然知道议会辩论中有力的武器便是口若悬河、妙语连珠。无论在与人交谈还是开会时，他都将笔、墨水和纸摆在自己面前，看起来非常显眼，似乎要向人们表明——从十三个殖民地中选出的六十个代表中，他是名副其实的一员。杰斐逊工作能力强，很快取代了约翰·杰伊为大会起草文件。

---

① 杰斐逊常说自己是这里"唯一最年轻的人"，其实这种说法不太准确，除了爱德华·拉特里奇生于1749年，约翰·杰伊生于1745年外，这儿还有别的年轻人。——原注

查塔姆勋爵威廉·皮特

本杰明·富兰克林

邦克山战役的消息传到费城，与会代表们认为必须发表声明，将这次流血事件公之于世。作为委员会成员，杰斐逊承担了起草声明的工作。出于对约翰·迪金森这位谦恭有礼、受人欢迎的绅士的尊重，同时从政治上考虑也不能太出风头，杰斐逊将自己的文章呈给约翰·迪金森，请约翰·迪金森帮助修改。约翰·迪金森勉强算是一位爱国人士，不太满

约翰·杰伊

第3章 大陆会议与《独立宣言》

邦克山战役

意杰斐逊起草的声明。约翰·迪金森不愿惹是生非，做事瞻前顾后。他觉得杰斐逊的文章太过犀利，另外准备了一份自认为合适的声明。在声明最后的四个半句子中，约翰·迪金森引用了杰斐逊的话。仰慕杰斐逊的人认为，正是因为这四句半话，约翰·迪金森的文章[①]不再空洞无力。这四个半句子的内容意义重大："我们并不想退出历史悠久的联盟。它

[①] 最后几段的作者没有确定为杰斐逊，而是约翰·迪金森。能证明最后几段是约翰·迪金森所写的证据明显不足，而且与杰斐逊在《自传》第11页中的主张不一致。杰斐逊的主张也有合理之处。之所以说它们是约翰·迪金森写的，是因为这些话包含在约翰·迪金森的文章之内，由此推断而已。见美国杂志《纪元》，第八期，514页。——原注

约翰·迪金森

的存在让各加盟地区快乐相处。我们真诚地希望能够与英国言归于好。我们与联盟的关系还没有恶化到分道扬镳的地步。"

一个月以后,因为文章写得好,杰斐逊又交好运。大会委员会的成员以所得总票数确定,然后再按他们各自得票多少排名。杰斐逊在大会委员会中排名第二,受大会委托为诺斯勋爵弗雷德里克的"和解提议"写回复。该回复以给弗吉尼亚议会的回复为蓝本。诺斯勋爵弗雷德里克爽快地接受了,杰斐逊感到十分满意。

第3章 大陆会议与《独立宣言》

几天后大陆会议宣布休会,杰斐逊回到弗吉尼亚代表大会任职。后来,杰斐逊又被选为大陆会议代表,在所有代表中排名第三。

在大陆会议召开之前,与会代表们就北美殖民地脱离英国统治、最终走上独立的道路是何人在何时提出的问题争论不休,浪费了许多时间。最终,所有可能看到的证据都搜集了,但结论未能得出。有人考虑与英国对抗的结果;有人焦虑不安,没有主见;有人意气风发,坚决要脱离英国的殖民统治。因此,大家很难形成统一的看法。在不同的情绪左右之下,人的情感体验有所不同。杰斐逊认为,北美各殖民地脱离英国的日子为期不远,于是就公开声明各殖民地应该脱离英国,并阐述了继续处在英国压迫之下可能产生的一系列灾难。真到了北美各殖民地要脱离英国时,杰斐逊的心情确变得沉重。他犹豫不决,看起来很不情愿。约翰·伦道夫是弗吉尼亚殖民地的检察总长,也是杰斐逊的亲戚,反对殖民地独立,1775年夏准备移民英国。杰斐逊友好而认真地给约翰·伦道夫写信,阐明了自己一些深思熟虑的想法,希望约翰·伦道夫在合适的时候将信呈给英国政府。杰斐逊不赞成人们争论,更反对无休止的混乱状态。杰斐逊说,英国"试图让我们冒着风险接受他们的援助。北美各殖民地要永远脱离英国统治,根本不需要他们帮忙。有些人仍然希望与母国重新统一,认为很难脱离英国。我就是其中的一员,非常愿意依靠英国。说得更清楚一点,我们不能依靠其他国家,也不能没有国家可依靠。我和其他人一样,绝不接受英国议会为我们设立法律的行为。事实表明,他们的行为十分卑劣。我真想亲手将整个英国的岛屿埋葬在海洋中"。以上是1775年8月25日所写的内容。三个月后,杰斐逊更加深情地写道:

> 大英帝国拥有乔治三世这样的国王是一种极大的不幸……早期我们写了请愿书,只想表达一项诉求。我们的诉求

没有得到重视,他的诉求又强加到我们身上。英王乔治三世应该明白,如果所有的殖民地都跟他对着干,大英帝国毁灭的日子也就为期不远了。英国采取的措施迫使我们不得不马上与

乔治三世

第3章 大陆会议与《独立宣言》

他们脱离。他们似乎唯恐我们不这样做。相信我的话吧,亲爱的国王陛下,我们十分热衷于与大不列颠结盟。我们不想通过欺骗或暴力的方式来宣告独立。我们所缺的是决心。这种决心正在国王陛下的亲手培养下迅速成长。或许一次血腥的运动能够决定我们未来永久的事业,可我们不愿意看到这样的运动。

1775年秋,杰斐逊参加了在费城召开的第二届大陆会议。1776年初,他回到家乡。1776年5月13日,他当选为弗吉尼亚殖民地的代表,去参加大陆会议。十年前,北美独立运动像冰川运动一样缓慢而有力,十年之后会迅猛发展。在大西洋西岸,托马斯·潘恩①的著作《常识》中的思想早已漂洋过海,在美洲广为传播,彻底唤醒了人们的意识。自从列克星敦和查尔斯镇的流血事件以来,法尔茅斯被烧毁,诺福克被炸。乔治·华盛顿围攻波士顿取得了胜利,像法兰西人或西班牙人一样,是英国的劲敌。乔治·华盛顿已不是英国的叛逆者,而是彻底与英国决裂,成为真正意义上的北美人。如果殖民地不能彻底与英国决裂,那么参加大陆会议的所有人都免不了面对绞刑的绳索。这些时代的佼佼者,无论是军人还是市民,都到了生死关头,要么争取殖民地的独立,要么被绞死。弗吉尼亚代表已向大会提议,宣布"所有殖民地团结起来,争取自由和独立。"1776年6月7日,理查德·亨利·李②也向大会提交了同样的提议。1776年6月8日和6月10日的辩论中,杰斐逊说,各殖民地的确"还没到成熟得从母体上脱落下来的程度,但它们正在快速达到那种

---

① 托马斯·潘恩(1737—1809),英裔美国思想家、作家、政治活动家、理论家、革命家、激进民主主义者。美国独立战争期间,他撰写的小册子《常识》极大地鼓舞了北美人民独立的斗志。——译者注

② 理查德·亨利·李(1732—1794),美国政治家、演说家,两届大陆会议的弗吉尼亚代表。在第二次大陆会议上,他提出了著名的"李决议",是第一个提出摆脱英国统治而宣布独立的大陆会议代表,也是《独立宣言》的签署人之一。——译者注

列克星敦流血事件

波士顿之战，乔治·华盛顿将军接受伯戈因将军投降

程度"。为了节省时间,防止争论不休,大会于 1776 年 6 月 11 日成立《独立宣言》起草委员会。辩论时总得给思想"落后者"一些时间赶上思想"超前者"。为了达成一致,大家一直辩论到 1776 年 7 月 1 日。《独立宣言》起草委员会成员按得票总数排名,依次为托马斯·杰斐逊、约翰·亚当斯、本杰明·富兰克林、罗杰·谢尔曼、罗伯特·R. 利文斯顿。

　　一百多年来,美国人在孩子启蒙教育阶段就告诉他们,《独立宣言》是杰斐逊起草的。《独立宣言》最初的手稿后来存放在美国国务院。除

理查德·亨利·李

第3章 大陆会议与《独立宣言》

了本杰明·富兰克林和约翰·亚当斯做了几处语言上的修改外,《独立宣言》的内容都出自杰斐逊的手笔。这份宣言的草案最终以杰斐逊所拟为准,提交大陆会议讨论。多年以后,约翰·亚当斯谈起杰斐逊是如何成为这份重要文件的起草者时,说法与杰斐逊本人有点不同。这种小小的差别根本不重要,就像有经验的律师处理案件时,期望从两个诚实的证人证词中发现不一样的地方。有些内容因天长日久而记错了,有些因没有备忘录的帮助想不起来了。杰斐逊的说法似乎更可信,但有待进一步证实,因为叙事者都认为自己说得最准确。

杰斐逊说,在委员会会议上,同事们一致同意让他起草宣言。万般无奈之下,他只得担此重任。草案完成之后,杰斐逊又向本杰明·富兰克林博士和约翰·亚当斯先生征求修改意见。他们"只做了两三处语言上的改动","修改意见就写在字里行间"。《独立宣言》起草委员会通过了该草案。杰斐逊又照原文抄了一份,提交大陆会议。

还有一个更有趣的问题值得商榷。为什么《独立宣言》起草委员会名单上杰斐逊的名字排在第一,而没有理查德·亨利·李的名字?理查德·亨利·李是决议的最初倡导者。按照大会礼仪,他应该担任大会主席。对此有很多说法,其中有的是讲述者根据自己的嗜好杜撰的。不过,可以肯定的是,当时杰斐逊没有政敌,所以是完成这份特殊而艰巨的起草任务的最佳人选。激烈的争辩中,杰斐逊能很好地调控情绪,从来不发怒,也不激怒别人。

当时杰斐逊所在的著名集体内派系林立。各派不乏阴谋诡计,少不了拌嘴斗舌,充溢着人类不和谐的因素,时常让人心痛不已。其中就有反对乔治·华盛顿的派系。人们都怀疑是约翰·亚当斯和弗吉尼亚贵族气十足的利斯在从中作梗,和自己的同胞唱对台戏。约翰·亚当斯坦率地说,自己不太受人欢迎,理查德·亨利·李根本不可能与自己做朋友。反对乔治·华盛顿的只是派系小圈子内的人,根本算不上什么党派,但

起草《独立宣言》

罗伯特·R. 利文斯顿

数目不小。约翰·杰伊与理查德·亨利·李之间也有个人恩怨。理查德·亨利·李的妻子正在这个节骨眼上生病了,他便以此为借口溜之大吉。杰斐逊在《独立宣言》起草委员会中排在第一的位置,自然要承担大量的工作。一方面能者多劳,另一方面如此重要的工作容不得掺杂半点个人恩怨。

1776年7月1日,依大会日程安排,大陆会议全休委员会成员重新讨论理查德·亨利·李提出的决议。九个殖民地赞成该决议。南卡罗

乔治·华盛顿

第 3 章 大陆会议与《独立宣言》

约翰·亚当斯

来纳和宾夕法尼亚投了反对票。特拉华的两位代表意见不合。纽约的代表们表示,就个人而言,他们完全同意该决议,相信纽约的选民们也会同意,但 1775 年纽约殖民地议会决议认为,与英国和解很有可能,绝不允许任何人阻碍和解。爱德华·拉特里奇①宣布休会一天。部分代表本不同意他的决定,但为了全体一致,只得少数服从多数。第二天,南卡罗来纳的两位代表改变了立场,特拉华有代表寄来了信件,同意投票

---

① 爱德华·拉特里奇(1749—1800),美国独立初期的政治家,起先反对美国独立。后来,因其他人都同意独立,他也跟着签署了《独立宣言》。——译者注

赞成。宾夕法尼亚同样改变了主意。几天后纽约殖民地议会也支持了该决议。

1776年7月2日，大陆会议接受了杰斐逊先生的《独立宣言》草案，作为当日以及接下来几天的议题。辩论一直持续到1776年7月4日下午很晚的时候。在辩论过程中，代表们对草案的语言做了多处修改。大

爱德华·拉特里奇（左一）与同僚

第3章 大陆会议与《独立宣言》

部分修改有助于更加准确地表述。有两三处直接被删去了。删去的部分中,杰斐逊公开指责英王乔治三世支持奴隶贸易。就奴隶贸易而言,北方的贩奴者执意保留,南方的购买者更不愿意停止。英王乔治三世只能睁一只眼闭一只眼。南方殖民地千方百计想通过立法来制止奴隶贸易。英王乔治三世始终不愿意批准禁止奴隶贸易的法案。南方殖民地的努力化为泡影。以此为由来攻击英王乔治三世恐怕有失偏颇。杰斐逊写道,英国在北美招募雇佣军意味着"我们永远失去这些无情的弟兄",让我们"努力忘却以前曾对他们充满爱意,而像对待其他人那样对待他们。战争中是敌人,和平时是朋友。"在会上,这段话也被删去了,与会代表普遍认为最好不要说任何谴责英国人的话。除了删去的部分外,最终也没有增加新的内容。

辩论的结束完全值得杰斐逊庆贺。三天以来,草案多次受到尖锐的批评。杰斐逊一直非常郁闷。在辩论中,杰斐逊一言不发,或许担心自己在激烈的唇枪舌剑中落败,或许认为"虚心听取别人的意见后,才能做出正确的判断。"听到别人刻薄地批评几处内容时,杰斐逊很痛苦。坐在旁边的本杰明·富兰克林博士给杰斐逊讲帽子制造商约翰·汤普森① 的故事"来安慰他"。杰斐逊很明智地避开了与约翰·亚当斯的辩论。整个辩论中,约翰·亚当斯一往无前。杰斐逊称他是"辩论巨人"。后来每当杰斐逊说起当时的情况,常常会给这庄严的时刻添上一点滑稽可笑的色彩,并以此为乐。杰斐逊说,当时的辩论好像没完没了,不知何

---

① 第二次大陆会议期间,杰斐逊所起草的《独立宣言》在讨论时受到别人尖刻的批评,杰斐逊很痛苦。为了安慰杰斐逊,富兰克林讲了帽子商人约翰·汤普森的故事。约翰·汤普森开了一家帽子店,拟了一块招牌,上面写着"约翰·汤普森制作并出售各式礼帽",还在招牌下面画了一顶帽子。约翰·汤普森认为招牌很醒目,可他的朋友们不以为然,多次提出修改意见,最后只剩下名字和帽子图案,几经删改后招牌更加简洁、醒目。杰斐逊听了这个故事,开始广泛听取大家的意见。——译者注

奴隶在运奴船中生活的场景

奴隶贸易：运奴船抵达北美海岸

年何月才能结束。天气异常闷热,会议室里挤满了各地的代表。会议室旁边是个马厩,饥饿的马蝇成群结队地飞来飞去,落在在代表们的腿上,隔着他们薄薄的丝袜使尽咬。代表们迫不及待地投票赞成后,赶忙到桌子上签了名,迅速离开会场,以避开这些可怕的马蝇,似乎叛国事小,舒适事大。约翰·汉考克①以大家熟悉的大字体签名,并开玩笑地说,

约翰·汉考克

---

① 约翰·汉考克(1737—1793),美国革命家、政治家,富商出身,《独立宣言》第一个签署人。英文中"约翰·汉考克"成为亲笔签名的代名词。——译者注

那些"约翰牛"①不戴眼镜也能看见。然后,他突然严肃起来,强调大家必须"团结一致"。"是的,我们一定要团结一致,否则我们一定会被一个一个地绞死。"本杰明·富兰克林打断了约翰·汉考克的话。本杰明·哈里森②接着说:"执行绞刑时,弗吉尼亚雍容华贵的绅士,马萨诸塞的瘦小子埃尔布里奇·格里③,都统统往后站。我要先于你们在空中蹬腿而去。无论干什么我都不能落在别人的后面。"那个夏日的黄昏,看到自己亲手执笔起草的、具有重大意义的文件签署通过,杰斐逊的心情隐约有点儿沉重。杰斐逊是殖民地忠诚的"送葬者",也是美利坚合众国的"接生婆"。

吹毛求疵地批评这份宣言真是多此一举。在五千万同胞心目中,它就像主祷文一样熟悉。文中所谓的瑕疵主要是受到当时的文风和时代精神的影响。杰斐逊勇猛果敢、积极向上。他的精神理智而独立,最能激发人们的行动,但将他的精神写在文章中或直接说出来,就难免有点像在宽泛地夸夸其谈。约翰·亚当斯和蒂莫西·皮克林④后来特别憎恨杰斐逊,认为他是政治上的恶魔,指责他的文章没有创造性,每个观点都那么陈腐,一半是别人以前公开讲过的内容。文中的主张既正确又荒谬,同时还有点存心不良。北美殖民地人民争论了好几年,打了好几个月仗,不会不清楚自己信奉什么学说,追求什么目标。有些人偏要鸡蛋里面挑骨头,尽做些荒唐的事情。杰斐逊认为乱哄哄的争论根本不是什

---

① 约翰牛是英国讽刺小说《约翰牛的生平》中主人公。他是一位头戴高帽、足蹬长靴、手持雨伞的矮胖绅士,愚笨而且粗暴冷酷、桀骜不逊、欺凌弱小。后来,他成为英国人自嘲的形象。国际上也用"约翰牛"指代英国人。——译者注
② 本杰明·哈里森也叫本杰明·哈里森五世,美国第9任总统威廉·亨利·哈里森的父亲,大陆会议代表,在《独立宣言》上签了字。——译者注
③ 埃尔布里奇·格里(1744—1814),美国外交家、政治家。他是大陆会议代表,曾在《独立宣言》上签字。1813到1814年任美国副总统。——译者注
④ 蒂莫西·皮克林(1745—1829),美国政治家、联邦党人,1795到1800年任美国国务卿,1803到1811年任参议院议员,1813到1817年任众议院议员。——译者注

签署《独立宣言》

埃尔布里奇·格里

蒂莫西·皮克林

么明智之举。面对别人的指责,杰斐逊的回应合理而富有智慧,"有人说我的主张是别人已经提出的观点,可我从来不认为这是对我的指责。"

有人说,人人生而"平等"的说法容易让人误解,可有哪个智力正常的人误解过,除非是故意的。对那些毫无意义的批评要漠然视之。《杰斐逊传》的作者塔克教授公正地评价了《独立宣言》。他说,这篇大作"在美国人的心目中具有神圣的地位,任何赞美之辞都是多余的,任何批评也是徒劳的"。

第 4 章

弗吉尼亚的革新与立法

精彩看点

拒绝担任大陆会议代表——共和政府——废除限嗣继承制——摧毁贵族制度——宗教改革——修改弗吉尼亚法律——创新学校体制——反对奴隶制

1776年6月20日，杰斐逊拒绝再次担任大陆会议的代表。当时，他的理由是"家中有事"，要办理"私事"。弗吉尼亚议会没有允许杰斐逊去打理家事。多年以后，杰斐逊说出了当时不想参加大陆会议的另外一个原因："1776年，我要离开大陆会议。当时认为，我们要重新审视所有的法典，让其适应共和政府的形式。我们做的事情是正确的，没有议会、州长、国王的消极限制。所有法案都应该修订，以便更好地服务于共和政府。我们应对民众怀有好感，要理性地看待问题。""在君主制国家，立法有许多缺点。我们要抓紧时间进行改革。我要在推进改革中发挥更大的作用。"

　　前殖民地很容易以独立国家的形式重新组织起来。1777年8月13日，杰斐逊给本杰明·富兰克林写信："弗吉尼亚的民众已将君主体制抛在脑后，纷纷选择了共和政府，就像脱掉旧衣换上新装一样惬意。我们现在正静下心来全心全意地投入到有条不紊的政府工作中。"政府形式转变得很快，别的方面进行变革的时机也随之成熟。当时，革命、破坏和重建都在井然有序地进行着，全面改变已有法律和社会形势的时机也已来临。民众就像刚刚犁过的田地。政治种子的散播者们正将新的观念和新创的学说撒向"田间"，满怀期待，盼着早日收获。杰斐逊是激进的改革家，知道改革的机会已经悄然而至，便满怀热情地去承担责任。

杰斐逊用自由之手将强壮而健康的种子播撒在早已开好的犁沟里。一部分种子立刻生根发芽,大部分种子却长期埋在地下。十年后,杰斐逊任议员的两年中所起草的法案大部分成为法律。通过努力,杰斐逊从根本上彻底改变了弗吉尼亚的政治经济制度。当然,取得如此大的成就并非

18 世纪 80 年代的杰斐逊

第4章 弗吉尼亚的革新与立法

杰斐逊一人独自奋斗的结果。乔治·梅森、乔治·威思以及新来的年轻人詹姆斯·麦迪逊都是杰斐逊的得力助手。

1776年10月7日,杰斐逊在弗吉尼亚议会任职。其间,他参与了多个委员会的工作。1776年10月12日杰斐逊获得议会许可,制定了一项法案。该法案规定限嗣继承财产保有人有绝对的权利和自由处理所继承的财产。1776年10月14日,杰斐逊又制定法案废除了限嗣继承制。在弗吉尼亚,土地和奴隶被当作最珍贵的财产代代相传。法律保护财产所有者的利益,也保全了他们奢侈的生活方式。杰斐逊大胆地提出了废除限嗣继承制,贵族们苦不堪言。这项建议是在一次大会上提出的,参加会议的人中不乏有影响力的人。他们只考虑自家的利益,严正捍卫旧的制度。一般情况下,改革只有经过激烈的辩论后才能缓慢进行。杰斐逊这项突如其来的改革让人们惊讶不已,感到无所适从。弗吉尼亚的限嗣继承制几乎在一天内分崩离析,贵族阶层顿时黯然失色。

随后,长子继承制也被废除。贵族阶层不断指责杰斐逊。埃德蒙·彭德尔顿[①]乞求道,如果长子不能继承父亲的全部土地和奴隶,那么就让长子多分一份财产。杰斐逊说,长子不能同时吃两份饭,不能同时干两份活,没有理由多分财产。这样一来,如死者未立遗嘱,子嗣们可以平分财产了。当时的贵族们都偏向长子,但法律对公众舆论的影响很大,遗产分配的差别很快就消失了。

短短的几个月中,杰斐逊博爱慈善、满怀信心,推动了弗吉尼亚的社会变革。后来,他说起当初自己发起各项改革"不是为了威胁或伤害富有的贵族阶层,而是为了给贵族们打开美德和智慧之门,让他们能够发挥自己的聪明才智为社会有所贡献,多做些对社会有益的事情。"杰

[①] 埃德蒙·彭德尔顿(1721—1803),美国独立战争时期政治家、律师、法官,大陆会议成员。——译者注

乔治·梅森

詹姆斯·麦迪逊

埃德蒙·彭德尔顿(右)与同僚

第4章 弗吉尼亚的革新与立法

斐逊也为自己辉煌的胜利付出了代价。他摧毁了贵族中等级制度，昔日的贵族自然痛斥制度的破坏者，长期怀恨在心。贵族家庭第二代、第三代的子孙们恶意诅咒这位政治家，伺机报复，因为是斐逊让他们和普通民众平起平坐。

杰斐逊的下一个攻击目标是圣公会。杰斐逊的宗教观念让他的传记作家们感到很头痛。他们费尽心思让杰斐逊成为一名虔诚的基督徒，从来不管杰斐逊的自由思想。没有证据证明杰斐逊这一时期的信仰究竟是什么，但他的确没有藐视也没有公开反对过基督教。杰斐逊对基督教教义持包容的态度，而不是顶礼膜拜。

1787年8月10日，杰斐逊写信给尚未成年的儿子彼得·卡尔，用相当长的篇幅详述了宗教问题。他告诉儿子："要独立地审视宗教问题。"杰斐逊对这句话的解释苍白无力，就像一个执法如山的法官痛苦地面对陪审团的指控而不能做出判决一样。面对特殊且棘手的宗教问题，模棱两可的态度反而成了一种消极的偏见。杰斐逊指出，基督教教义不是亘古不变的真理，不能教条式地维护。尽管杰斐逊格外小心，试图隐藏自己的偏见，但人们本能地认为这封信不是出自一个基督教信徒之手。若是杰斐逊虔诚地信奉基督教，就不会把一个年轻人置于信仰和不信仰的两扇门中间，把两扇门都打开，但没有指明怎么走是对的，怎么走是错的。关于杰斐逊是否信仰基督教的问题，任何推断都没有真正的依据。唯一有必要说的是，1777年，杰斐逊对当时弗吉尼亚中世纪式的宗教立法十分憎恨。

杰斐逊在"砍伐"社会改革中的"障碍之木"时坚强有力，也要将宗教中的"朽木"收拾得干干净净。这看起来苟延残喘的"干枝"进行了强烈的抗争。杰斐逊所要的是彻底的宗教自由，就是美国现已广泛存在的这种宗教自由。为了能够建立良好的开端，杰斐逊只能从说服议会议员开始。议会主要由神职人员把持。随后的几年中，在杰斐逊的推动下，立法者们最终达成一致，同意杰斐逊宗教改革的建议。杰斐逊起草的《宗教自由法案》顺利通过。有人修改过该法案，但只是隔靴搔痒式地做了一些补充。1786年，杰斐逊宗教改革的目标完全实现。

作为一名议员，杰斐逊是唯一在改革中获得成功的人，是不计其数的民众的代言人，是势不可挡的社会运动的领导者。大多数人都对美国圣公会①颇有异议，决定不再资助它。杰斐逊说："源源不断的请愿书涌向第一个共和立法机构，要求废除宗教暴政。"杰斐逊感到自己的坚强后盾便是无数优秀的民众。他们虽然有点无知，但人数众多。很难想象，面对民众大声的抗议和喧哗，杰斐逊是如何纠正他们的错误认识，如何劝说一些被误解的人们的。早期的从政生涯中，杰斐逊常常与群众同甘共苦，用心聆听他们的抱怨。杰斐逊站在高处，算不上口齿伶俐，但别人能理解他说什么。民众的大声呼喊使他倍受鼓舞。民众的广泛参与使他获得了力量。民众的称赞使他的信心更加坚定。

在弗吉尼亚州议会任职期间，杰斐逊担任五人委员会的领导，负责修改弗吉尼亚法律。繁重的工作大大超出了杰斐逊应有的工作量。法律修改委员会的报告不仅肯定了杰斐逊的立法活动，而且提到了其他重要事项。弗吉尼亚州政府所在地从威廉斯堡的商业中心迁到里士满的一个村庄。村庄虽小，却位于里士满的中心。后来，别的州政府选择所在地时，都纷纷效仿弗吉尼亚的做法。一项促进外国人迅速同化的法案为国家以后处理同类问题提供了范式。该法案因未提出进行知识、智力、健康等检查，就轻易允许接纳外国人而受到谴责。处理大部分事情时，杰斐逊很民主。在个别事情上，杰斐逊却与自己一贯的做法大不相同，显

---

① 美国圣公会是圣公会（即英国国教）在美国的教区。美国独立战争后不久，由于英国圣公会的所有神职人员都必须宣誓效忠英国君主，圣公会美国教区被要求与英国圣公会断绝关系。——译者注

美国圣公会

早期的里士满

第4章 弗吉尼亚的革新与立法

得不太合乎情理。当时制定的刑法典改进了残忍而严厉的旧刑法典,但不合理地保留了同态复仇,既不合情理也有悖于杰斐逊的初衷。杰斐逊还精心设计了一套学校体制。富裕的种植庄园主们出于狭隘的偏见,没有将这套体制全面采纳并合理地付诸实践。

杰斐逊任弗吉尼亚议员的两年中,弗吉尼亚颁布了大量的法律,大部分长期以来都未曾改变过。杰斐逊所制定的法律为北美殖民地的刑法提供了深厚的法律渊源。立法机构不时地援引杰斐逊所制定的法律,直到独立战争结束后,这种援引才停止。后来的立法以杰斐逊制定的法律为基础,并未改变多少。如果将1786年至1787年弗吉尼亚的法律称为"杰斐逊法典"的确有点夸张,但他的思想渗透到每一部法律当中。尤其是社会立法方面,杰斐逊的影响力很大。

解放奴隶的任务任重而道远。杰斐逊和几位仁慈而高尚的助手为解放奴隶而做的努力彻底失败了。弗吉尼亚为此付出了巨大的代价。杰斐逊虽然没有像他的朋友乔治·威思一样解放自己的奴隶,但很早就强烈反对奴隶制。当时,许多善良而明智的弗吉尼亚人都反对奴隶制。法律修改委员会的成员们没有深入思考这个难题,没能消除弗吉尼亚奴隶制的弊端。法律修改委员会的一些成员满足于以前的法律,在修改法律时"仅对现有法律做了解释,没有任何彻底解放奴隶的计划,也没有以修正案的方式增加解放奴隶的内容。后来的修正案规定,同意给某一天以后出生的奴隶自由。达到一定年龄后,这些奴隶就被送境外。"这些计划都未能实施。1821年杰斐逊在自传中写道:"公众在思想上不愿接受解放奴隶的提议,即使到今天也难以接受。但在不远的将来必须接受,否则更糟糕的事情还在后头。法律如果不规定给予奴隶的自由,那么还能规定什么?"杰斐逊和具有先见之明的同行们有幸说服了弗吉尼亚人。他们的远见已超出了所处的时代。他们正在进行着一项伟大的事业。然而,如果详细审视杰斐逊的计划,计划刚开始,杰斐逊失败的命运就注定了。解放奴隶的法案通过后,"由奴隶所生的黑人将获得自由。达到一定年龄之前,他们要和父母住在一起。然后由政府出钱,依他们各自的天赋,让他们学习耕种、艺术和科学,直到女性满十八岁、男性满二十一岁。作为奴隶的黑人住在殖民地时,政府可以提供工具,让他们安家,学习手工技术、播种技术以及饲养家畜等本领"。然后,"宣布他们为自由独立的人,属于我们这个联盟,受我们保护。待他们足够强壮时,将他们装在船上,运到世界别的地方,再运回数量相等的白人。同时制定相应的鼓励政策,吸引白人移民美国。"①

杰斐逊认为,这个耗资巨大而又精心设计的计划可能得以实施。由此,我们可以看到杰斐逊思想中最致命的弱点。他常常陷入幻想,只凭自己的感觉做出判断,根本不管计划可行不可行。当时,杰斐逊等时代骄子们都在创建社会和政治学说,敢于针砭时弊,善于把握时代潮流。

在早期,奴隶制问题似乎难以解决。杰斐逊的种族观使奴隶制问题变得更加无法解决。通过观察,杰斐逊完全相信所有白人都认为黑人的智力不如他们。杰斐逊认为"两个种族,即使同样自由,也不能由同一政府管理"。他认为,如果两个种族处在同一政府之下,将会使"弗吉尼亚四分五裂,出现动乱。只有其中一个种族消失了,动乱才可消除"。杰斐逊未能提出与解放奴隶有关的更好的方案。在殖民地时期,杰斐逊多次试图禁止进口奴隶,但在英国的阻挠下,最后只能不了了之。1778年,"在弗吉尼亚共和政府第一次会议上",杰斐逊又提出停止奴隶进口的法案。该法案顺利通过后,杰斐逊很高兴。他说:"要阻止这种道德和政治上邪恶的观点继续发展。民众的意识已日渐成熟,人性可获得彻底解放。"② 无人知晓这模糊不清、看似荒谬的话究竟所指何意。杰

---

① 参阅托马斯·杰斐逊:《弗吉尼亚笔记》。——译者注
② 参阅托马斯·杰斐逊:《弗吉尼亚笔记》。——译者注

渴望得到自由的奴隶

斐逊的说话风格一贯如此。杰斐逊总是唠叨"人性的彻底解放"。人们似乎已经忘却了他在改革中的丰功伟绩。

第5章

独立战争中的弗吉尼亚州长

精彩看点

接任弗吉尼亚州长——筹备战争物资——迎战英国军队——如何对待俘虏——英国人的突袭——弗吉尼亚的危机——抓捕叛徒——躲避抓捕——英国军队在抢劫——伤心卸任——再不参与公共事务

帕特里克·亨利是弗吉尼亚独立以来的第一任州长，曾成功连任三年。根据宪法，他再无资格竞选下一届州长。1779年1月，经立法会选举决定，同年6月1日由杰斐逊接任弗吉尼亚州长。杰斐逊并不贪求荣耀。在选举中，他意外地发现年青的约翰·佩奇①得票很高，自己只是以微弱的优势取胜。在共事过程中，两位竞争者建立了深厚的感情。杰斐逊卸任时，似乎更愿意约翰·佩奇能成为州长候选人，而约翰·佩奇却不太乐意为之。杰斐逊的传记作家们指出，人们普遍认为，在杰斐逊任州长期间，政府工作效率低下。亨利·兰德尔详细谈论过杰斐逊任州长时的实际情况以及关于杰斐逊的争论。热心于公众事务的人难免出现失败之处。杰斐逊也被指控不能胜任州长的工作。有人说，杰斐逊用华丽的辞藻和超群的写作能力感染和说服别人，为自己进行完美的辩护。作为州长，杰斐逊勉勉强强，无大功也无大过，算不上人们心目中的好州长。确切地说，他真不适合当"战时州长"。他尽管尽心尽力，但和别的州长相比，还是稍逊一筹。

---

① 约翰·佩奇（1743—1808），美国民主共和党成员，1776到1779年任弗吉尼亚议会主席，1793到1797年任美国众议院议员，1802到1805年任弗吉尼亚州州长。——译者注

弗吉尼亚承平日久,从未遭到外部势力的侵犯。帕特里克·亨利第三个任期快结束时,一切都变了。这片土地呼唤着爱国志士们去承担自己应承担的责任。弗吉尼亚就像一匹任劳任怨的坐骑,三年来一直在帕特里克·亨利这位勇猛的骑手的鞭策下向前飞驰。当帕特里克·亨利要休息时,它难免气喘吁吁,筋疲力尽。

杰斐逊上任后发现弗吉尼亚的人力、马匹、军队、钱财都已挥霍殆尽。当务之急是进一步动员大家积极捐赠。这是一件令人苦恼的差事。

帕特里克·亨利

第 5 章 独立战争中的弗吉尼亚州长

心甘情愿捐出自己财物的人并不多,捐赠进行得异常缓慢。杰斐逊别无他法,只得精打细算,最后各方面都获得了补给。杰斐逊到南卡来罗纳和北卡罗来纳为格林军招募新兵时,一切都很顺利。许多农民放下早已荒芜的田地,踊跃参军。1780 年 9 月,将要出征的战士手中没有武器,更谈不上一分钱的军饷。马车和马匹只得强行征用。这也是没有办法的办法,该征用的还得征用。杰斐逊的农场也征用了一辆马车、两匹马、两个驾车的黑人。杰斐逊不懈地尽最大努力置办一切,但士兵们依旧缺乏夜晚遮体的毯子。他希望新的征税方案能够万无一失,确保军中一半人可住进帐篷。

查尔斯·康沃利斯[①]正带领凯旋之师向北进发,直指弗吉尼亚。大批用来雪中送炭的物资不是被毁就是被抢,给杰斐逊带来沉重的打击。查尔斯·康沃利斯的部队在离弗吉尼亚边境不远的地方驻足不前。杰斐逊既感到很意外,又暗自庆幸。杰斐逊正为下一步行动忧虑不安时,有人愤愤不平地指责他,说他没有将南卡来罗纳和北卡罗来纳的物资用在该用的地方。杰斐逊将所有的人力、物力都集中在要打仗的地方是无可挑剔的。因为除此之外,无法确保弗吉尼亚取胜,也无良策让战争远离弗吉尼亚。如果向前线运送的物资不足,英国人便可大获全胜。

在弗吉尼亚西北部的一次战斗中,乔治·罗杰斯·克拉克[②]将军和士兵们英勇奋战,俘虏了英国詹姆斯·英格利斯·汉密尔顿[③]上校。詹姆斯·英格利斯·汉密尔顿上校被指控犯了重罪,或许有点言过其实。

---

① 查尔斯·康沃利斯(1738—1805),英国军人、殖民地官员及政治家。1776 年前往北美镇压美国独立战争,1778 年起任北美英军副总司令, 1781 年在约克镇战役大败后率军投降。——译者注
② 乔治·罗杰斯·克拉克(1752—1818),美国独立战争期间在弗吉尼亚当过测量员、士兵和军官,后成为西北边境最高军官。——译者注
③ 詹姆斯·英格利斯·汉密尔顿(1742—1803),英国将军,1775 年到 1783 年美国独立战争期间任英军指挥官。萨拉托加战役中,他率英军投降,被关押在马萨诸塞州的坎布里奇。——译者注

查尔斯·康沃利斯

乔治·罗杰斯·克拉克

杰斐逊判断力超群，对詹姆斯·英格利斯·汉密尔顿上校和其他战俘一视同仁[1]，命令下属将他和另外两个被俘的军官带上镣铐，严密监禁起来。英国将军菲利普斯提出了抗议。杰斐逊向乔治·华盛顿征求处理意见。乔治·华盛顿也犹豫不决，迟迟无法回答，最后建议缓和激烈的对峙。杰斐逊准确把握处理事情的分寸，采纳了乔治·华盛顿的两全之策，做了充分的准备，取得了令人满意的结果。杰斐逊关押了许多英国俘虏，其中不乏高官、贵族。杰斐逊公开宣称，自己以德报怨，对俘虏和自己

独立战争期间的乔治·华盛顿

---

[1] 塔克教授在《杰斐逊传》中为詹姆斯·英格利斯·汉密尔顿辩护，但不过是在说自己认识詹姆斯·英格利斯·汉密尔顿，认为他本性不坏，有绅士风度，不应该对别人的指控负责。——原注

第5章 独立战争中的弗吉尼亚州长

的同胞一视同仁,坚决不用绞刑、不关监狱。杰斐逊以德报怨的做法使许多英国官员一改昔日残忍的性情。

帕特里克·亨利任州长时,英国人常常突袭弗吉尼亚。十几艘英国船满载两千多军队,盘桓在弗吉尼亚重要的港口,肆意地抢掠了好几天。英国人能轻而易举地破坏弗吉尼亚的物资供应区,严重威胁着弗吉尼亚的安全。1780年10月,英国人又故技重演。1780年10月22日,杰斐逊得知六十多艘船停靠在汉普敦水道,四艘船上载着军队。上岸后,英国人组成了大约两千五百多人的队伍。弗吉尼亚州刚刚建立不久,还没有足够的防卫能力,许多士兵都没有配备滑膛枪。传来这种情报,真让人感到心惊肉跳。杰斐逊悲伤地写道:"一个民族的能力和热情足够打败敌人,但竟然要抱着膀子等待防卫用的武器,想起来真让人心痛不已。"过了几周后,弗吉尼亚军队的状况依旧"十分糟糕"。阿尔伯马

汉普敦水道示意图

尔港口附近大约有四千名战俘。他们是约翰·伯戈因①的军队,被派往弗吉尼亚执行安保任务。在离弗吉尼亚边境一百五十英里的卡姆登,查尔斯·康沃利斯刚刚打败霍雷肖·盖茨②的军队。亚历山大·莱斯利③将军的一名信使被弗吉尼亚军民抓获了。该信使是入侵部队的指挥官,

约翰·伯戈因

---

① 约翰·伯戈因(1722—1792),英国陆军上将。美国独立战争期间,伯戈因的部队在萨拉托格被美国将军霍雷肖·盖茨的部队击败。——译者注
② 霍雷肖·盖茨(1726—1806),美国独立战争时的将军,在萨拉托加战役中大胜,在卡姆登战役中惨败。——译者注
③ 亚历山大·莱斯利(1731—1794),美国独立战争期间英国陆军少将,1782年接替查尔斯·康沃利斯担任英军南方指挥官。——译者注

第5章 独立战争中的弗吉尼亚州长

口含一物——是亚历山大·莱斯利将军写给查尔斯·康沃利斯的纸条。纸条上写着两军协同作战的计划。火烧眉毛的危急时刻，全州上下都显得很无助。最终险境得以化解。一方面弗吉尼亚运气不错，另一方面英国军队失去了斗志。北卡来罗纳的爱国民众不停地袭击查尔斯·康沃利斯的军队，最后迫使其向南撤退。亚历山大·莱斯利按兵不动一个多月后，坐着船走了。弗吉尼亚又可以出人意料地休养生息了。

1780年12月31日是星期天。杰斐逊再次得到情报，二十七艘大船已于12月20日进入切萨皮克海湾，弗吉尼亚陷入危机。无论以前的情况如何，杰斐逊这次因马虎大意而难辞其咎。杰斐逊总以为船上装的是去巴尔的摩的法兰西人。他很清楚英国人的攻击目标是威廉斯堡、彼得斯堡或者里士满。当时是冬天最寒冷的时候，弗吉尼亚正是农闲时节。在无法准确把握敌情的情况下，不知杰斐逊为什么未做最坏的打算。他只是信心十足地命托马斯尼尔森[①]将军率部驻扎在地势较低、河流众多的县内，然后守株待兔。

1781年1月2日早上，五十个小时的珍贵时间已经浪费了。其间，杰斐逊没有采取什么有效的措施。传来的消息和杰斐逊掌握的情报似乎都表明他做了蠢事。那支船队来者不善，顺着詹姆斯河上溯。杰斐逊这时才恍然大悟，做了星期天早上就该做的事情。他从最近的县里派出四千七百多人，精力充沛地投入战斗。他带上公文和一些值钱的物件来到河对面的一个隐蔽之处，然后不辞辛劳，忙忙碌碌地在全州策马飞奔。后来自己的马累死了，不得不骑上一匹尚未驯服的小雄马。连续八十四个小时内，杰斐逊鞍马劳顿，奔前跑后。英军占领了河道，进入里士满，一路"扫荡"，然后重新上船，突然顺流而下。这时，弗吉尼亚民兵才开始集结。英国军队早已回到了亚历山大·莱斯利丢弃的营地，挖战壕

[①] 托马斯·尼尔森（1738—1789），美国独立战争时的将军，大陆会议代表，《独立宣言》签署者，独立战争时期曾在弗吉尼亚指挥民兵作战。——译者注

18世纪70年代的巴尔的摩

早期的彼得斯堡

将自己围了起来。杰斐逊回到一片狼藉的村子后,重新组织州政府应敌。杰斐逊不善于快速做出决策,天时地利都与他失之交臂。

英国军队似乎要在营地里安家落户。他们的军需物资非常充足,防备森严,根本没有离开的意思。弗吉尼亚无正规部队,民兵组织没有配备武器。杰斐逊写道:"这儿的情况和北卡罗来纳一样糟糕。人们都希望敌人能自我克制,谨慎小心,不来进攻,但这些全是痴心妄想。"叛徒本尼迪克特·阿诺德①在这片土地上指手画脚,让弗吉尼亚人更加怒

本尼迪克特·阿诺德

---

① 本尼迪克特·阿诺德(1741—1801),美国独立战争中最具战略才华、足智多谋的领导人之一。1780年,在扼守哈德逊河的时候,他打算将要塞献给英军。事情败露后,他逃到英军寻求保护,后来被任命为英军准将,指挥英军在弗吉尼亚作战。本尼迪克特·阿诺德在美国一直以来都被视为美国独立事业最大的叛徒而饱受非议。——译者注

第 5 章 独立战争中的弗吉尼亚州长

发冲冠。杰斐逊想方设法捉住他。不过,本尼迪克特·阿诺德这只"鸟"却怎么也不上"猎手"的当。

几个月以来,英国人将弗吉尼亚扰得人心惶惶。冬去春来,时光荏苒,杰斐逊心情沉重,度日如年,终于熬到自己任期届满之时。1781年6月10日,他将卸任。杰斐逊明智地决定不再参加竞选。别人的不满虽未明说,可足以让他感受到自己任期内的败笔。杰斐逊在自传中说:"英国人入侵时我们压力很大。民众对我的领导信心十足。来自民众的力量使我这个军事指挥官倍受鼓舞。军民应该迅速有力地行动起来,

担任弗吉尼亚州长期间的杰斐逊

保卫自己的国家。任州长的第二年末，我辞去了自己的职务。"这段忧郁的日子里，一些垂头丧气的弗吉尼亚人对杰斐逊指指戳戳，说他像一个独裁者。杰斐逊所做的一切只不过是典型的权宜之计，他自己也想把事情做好。后来，杰斐逊说："指责我是独裁者的人们脱离了民众，失去了作人的原则。"

1781年5月，这位筋疲力尽的州长就要卸任了。真是天有不测风云，四月下旬，查尔斯·康沃利斯向北进军，一路"扫荡"，进入弗吉尼亚。1781年5月20日，查尔斯·康沃利斯已到达彼得斯堡，整个弗吉尼亚都在他的控制之下。杰斐逊并无良策，只得向乔治·华盛顿求教。弗吉尼亚州议会已三次闻讯逃离里士满，一直处于休会状态，后来决定于1781年5月4日在离蒙蒂塞洛不远处的夏洛茨维尔村开会。直到1781年5月20日，法定人数才凑齐。日子一天天过去，杰斐逊的任期已满，但新州长尚未选出，他不能丢下手头的工作一走了之。1781年6月4日清晨，一匹快马飞驰而来，停在州长家门前。骑手从东边一个镇上连夜策马赶来，向杰斐逊报告敌情。原来，一队英国骑兵在伯纳斯特·塔尔顿[①]上校的带领下，气势汹汹地沿着大路直奔蒙蒂塞洛和夏洛茨维尔而来，三小时后就会到达。杰斐逊异常勇敢，没有半点惊慌失措的样子。他没去夏洛茨维尔通报情况，因为议员们能自己撤离。杰斐逊平静地吃过早饭，安排家人转移，从容不迫地藏好贵重物品和文件后离开了家。杰斐逊走出家门，马上隐蔽到树林中。伯纳斯特·塔尔顿上校失望地无功而返。杰斐逊说，自己能够脱险全靠运气，与聪明和警惕没有关系。如果当时杰斐逊落入敌人手中，人们一定会认认为他是最愚蠢的人。伯纳斯特·塔尔顿走后，弗吉尼亚州大部分官员都给杰斐逊抹黑，

---

① 伯纳斯特·塔尔顿（1754—1833），英国陆军将领、政治家，美国独立战争期间任英军指挥官，进攻大陆军。他表现突出，深受倚重，却被北美人民痛恨。——译者注

伯纳斯特·塔尔顿

言过其实地散播他执政时的缺点。杰斐逊非常愤怒,认为官员们的做法极不光彩。甚至有人说,如追究法律责任,杰斐逊应该停职几日。后来很长一段时间内,杰斐逊被认为是胆小如鼠、生性懦弱的人。杰斐逊自愤愤不平,躲避敌人仿佛成了他一生的耻辱。那些官员认为,当伯纳斯特·塔尔顿的骑兵冲过来时,杰斐逊应该独自站在门口朝骑兵开枪。

伯纳斯特·塔尔顿的军队在杰斐逊家中拿了点吃的喝的,别的东西丝毫没动。杰斐逊本人热情好客,别人在他家吃点喝点休息一下,他从不计较。杰斐逊后来说:"伯纳斯特·塔尔顿对我很客气。"英国派来的一些地方长官,说是肩负和解的使命,可不做什么正事。他们宣称,殖民地必须脱离法兰西,英国也不想占法兰西什么便宜。这种含沙射影

伯纳斯特·塔尔顿在弗吉尼亚纵兵抢掠,遭到民兵袭击

第5章 独立战争中的弗吉尼亚州长

式的说法是他们以后采取实际行动的前奏。后来，英军将解决战争冲突放在一边，专门到处掠夺抢劫、搞破坏，杰斐逊家也未能幸免。杰斐逊强烈谴责这种野蛮行径。查尔斯·康沃利斯带人抢了他的粮食，宰杀了牛、羊、猪共一百五十头，充作军粮。英军肆意地糟蹋了正在生长的庄稼，将杰斐逊的庄园篱笆付之一炬，掳走了杰斐逊多匹良马，就连小马驹也不放过，残忍地割断了它们的喉咙。离开之前，英军还抓走了三十个奴隶。杰斐逊说，查尔斯·康沃利斯"要是能真正给他们自由，可算做了一件好事。怎奈他的军营中天花蔓延，热毒难驱，腐烂病无法控制。在死神面前，这些奴隶无一幸免"。难怪后来杰斐逊对英国人充满仇恨，他们不仅损坏了杰斐逊在同胞们中间的名声，而且侵占了他的财产，仿佛要赶尽杀绝。

一些弗吉尼亚人认为杰斐逊爱挑剔。据说他任州长的最后几个月里，有人在一次议会会议上公开表达了这一看法。不过可以肯定，乔治·尼古拉曾提议对杰斐逊进行质询[①]，不少人支持该提议。乔治·尼古拉的提议深深地伤害了杰斐逊。杰斐逊十分痛苦，辞去了弗吉尼亚州州长，下定决心再也不参与公共事务，只希望能参加下届州议会，去直面具有威胁性的质询。阿尔伯马尔郡十分推崇杰斐逊，全票选举他当议会代表。杰斐逊向州议会声明，自己很愿意面对别人的指责，但没有人回复他。后来，杰斐逊当着众人的面读了乔治·尼古拉提供的"反对意见"，并且做出了自己的答复。弗吉尼亚州议会中依旧没有人站起来质问杰斐逊。1781年11月，查尔斯·康沃里斯在纽约投降，战争造成的艰苦局面有所好转。杰斐逊的朋友们大胆地提出一项决议，并且顺利在弗吉尼亚议

[①] 后来，杰斐逊与乔治·尼古拉关系友好，杰斐逊说乔治·尼古拉能干、诚实，作为一个热情奔放的年轻人，只是他做事的动机错了。乔治·尼古拉也向杰斐逊道歉，表达了对他的敬意。——原注

查尔斯·康沃里斯率军打出白旗准备投降

查尔斯·康沃里斯交出佩剑向乔治·华盛顿投降

会通过。该决议表达了对杰斐逊的感谢,说他任州长时"不偏不倚、诚实正直、尽心尽力",证明了杰斐逊"为人清廉、人格健全、能力超群"。该决议还宣称要为他洗清"所有不明之冤"。决议结尾部分用词精挑细琢,委婉地表扬杰斐逊的战时政绩,里面不乏抚慰之辞,对那些不友好的批评却漠然视之。乔治·华盛顿百忙之中抽空给杰斐逊写了信,信的结尾部分都是谦恭赞美之辞,赞扬了杰斐逊良好的品行。在别人的评价中,杰斐逊能找到的安慰也就这些了。杰斐逊不幸出任战时州长,不适合这一职位,但换作别人也一样差强人意。杰斐逊接受了别人的赞美也面对了别人的责难,但更多的是不公平的责难。他真是个命苦之人。经历了战时的波折之后,杰斐逊决定退出政界,去过属于自己的生活。

第 6 章

国会议员

精彩看点

退隐在家——中年丧妻——给孩子们的教导——外交使命——有原则的国会议员——各州联合委员会——确定货币单位——划定共有区域——奇思妙想

辞去州长后，杰斐逊极度痛苦，一直愤愤不平。他憋着一口气退隐在家，反复重申自己决心已下，再也不管公众之事。杰斐逊忙着经营种植园，教育孩子，照顾生病的妻子。1782年初，冬寒还迟迟未去，杰斐逊将1781年春天的一些感想写了下来，这便是著名的《弗吉尼亚笔记》。1782年春，杰斐逊还是州议会议员，但他执意拒绝参加会议。杰斐逊的对手们严厉地批评了他的这种做法。鉴于这种情况，杰斐逊的朋友们也不好为他辩解。詹姆斯·麦迪逊私下里为杰斐逊不与人为善的脾气悲叹。詹姆斯·门罗公开写信直言不讳地批评杰斐逊，但杰斐逊不为所动，只是反复地诉说自己内心受伤后的痛苦，不断地声明自己再也不参政。

杰斐逊执意这样做的确是出于气愤，同时还有更令人为之动容的原因，只是他过于自尊，内心受伤太深，不愿意说罢了。当时杰斐逊妻子的健康每况愈下。1782年5月，她躺在六个孩子的身边，再无康复的希望。杰斐逊履行丈夫的责任，温柔、勤快、悉心地照顾妻子。1782年9月，她走到了生命的尽头。妻子死后，杰斐逊连续三周未出家门。后来一段时间内，杰斐逊只在山间茂密树林中的小路上徘徊，以寻找一点儿寄托。在极度悲痛的日子里，杰斐逊的长女玛莎一直陪伴着他。她曾留下令人悲伤的文章，展现了杰斐逊性格中的深情和脆弱。

詹姆斯·门罗

杰斐逊的长女玛莎

据说，杰斐逊夫人在弥留之际乞求丈夫不要给孩子们找继母。杰斐逊当即答应，并恪守诺言，鳏居一生。玛莎是杰斐逊的第一个孩子，也是他的掌上明珠。在六个孩子中，玛莎和玛丽是杰斐逊亲生的，并且都活到了成年以后，却只有玛丽晚于父亲去世[①]。杰斐逊的妹夫达布尼死后，妹妹家里很穷。于是，杰斐逊将妹妹和六个孩子都接到家中，视为己出。杰斐逊对孩子们和蔼可亲，关心他们的成长，一直孜孜不倦地教导他们。杰斐逊常给孩子们写信，信中只是最平常不过的教导，想到哪儿说到哪儿。孩子们对这些信件饶有兴趣，颇感亲切。杰斐逊的传记作家认为这些信息很有价值，赋予了无数赞美之辞。

1776年9月，大陆会议曾提名杰斐逊与本杰明·富兰克林、迪恩一同去法兰西，与法兰西结盟并签订贸易条约，杰斐逊拒绝了。1781年6月，杰斐逊被委以重任派往国外，和约翰·亚当斯、本杰明·富兰克林、约翰·杰伊等人一同参加一项和平条约的谈判。杰斐逊以个人事务为借口拒绝了。1782年12月，在弗吉尼亚安特希尔种植园的朋友盖理上校家中，杰斐逊正给孩子们进行预防接种，又被委以出使法兰西的重任。这项委任很及时，有助于杰斐逊换个环境，从丧妻的阴郁中走出来。杰斐逊欣然答应，并做好了启程的准备。当时，法兰西巡洋舰要离岸，耽搁了其他船只的航行。杰斐逊还没有离开，就得知谈判已经提前进行，无须再出访。1783年2月，杰斐逊又回到了家中。

1783年6月，弗吉尼亚州议会选举杰斐逊为国会议员，任期从1783年11月开始。国会议员们对杰斐逊的到来略显轻视。这些绅士们

[①] 杰斐逊有以下子女：玛莎·杰斐逊，1772年9月27日出生，1790年2月23日嫁给托马斯·曼·伦道夫，1836年10月10日去世；简·伦道夫·杰斐逊1774年4月3日出生，1775年9月去世；一个儿子，1777年5月28日出生，1777年6月14日去世；玛丽·杰斐逊，1778年8月1日出生，1797年10月13日嫁给约翰·W.埃普斯，1804年4月17日去世；1780年11月3日出生的是个女孩，1781年4月15日去世；露西·伊丽莎白·杰斐逊，1782年5月8日出生，1784年去世。——原注

第 6 章 国会议员

认为作为议员是一种荣耀，不想因杰斐逊的加入惹上麻烦。杰斐逊去上任时，碰巧国会要批准美国与英国的和平条约。至少有九个州赞同才可批准，但只有七个州参加。一些议员提议，七个州参加也可批准。在这个节骨眼上，英国绝不会发现赞成票数不够的情况。杰斐逊和另外一些议员竭力反对，因为这种权宜之计会损害国会的名声。最后在国会的紧急呼吁之下，未参加投票的各州都先后赶来。杰斐逊很乐意在这个条约上签字，因为该条约使自己七年前在《独立宣言》中的倡议变成了现实。乔治·华盛顿的大陆军总司令辞职仪式就要举行，负责安排和筹划的重任落在了杰斐逊肩上。

杰斐逊认为国会的各项权能应一直存在，不能断断续续。他提议设立"各州联合委员会"，由每州选一名代表组成。国会休会期间，该委员会继续工作。国会采纳了这一提议，但因委员会内部出现派系斗争，该提议以失败而告终。古弗尼尔·莫里斯[①]就国家的资金问题做了报告。通过精准的计算，他设计出了一种货币单位。该货币单位为美元的一千四百四十分之一，能实现各州货币的精确兑换。杰斐逊指出，这种换算将日常生活中简单的计算变得极为烦琐。比如说，一块面包的价格为二十分之一美元，可换算后变成七十二个单位，一磅黄油为五分之一美元，合二百八十八个单位，一匹马为八十美元，合十一万五千二百个单位，而一个国家的债务是八千万美元，则要换算成一千一百五十二亿个单位。为了避免这种愚笨的做法，杰斐逊建议还是用美元作为货币单位。

杰斐逊向国会推荐了弗吉尼亚的做法，提议在美国西北部划出一块区域为各州共有。后来成立了专门负责在该区域建立政府的筹备委员会，杰斐逊也是成员之一。因为杰斐逊起草了国务院的草案，所以该报

[①] 古弗尼尔·莫里斯（1752—1816），美国著名政治家、开国元勋和外交官，曾任美国驻法大使。——译者注

古弗尼尔·莫里斯

任大陆军总司令期间的乔治·华盛顿

告自然由他起草。报告包含了著名的《西北土地法令》的内容，其中最可敬的条款是"自 1800 年之后，除惩治犯罪外，所有上述各州都要取消奴隶制和非自愿奴役。"除了作为政治家高尚而尊贵的一面之外，我们也可以窥见杰斐逊思想中的荒谬之处。杰斐逊的崇拜者们尽力为他开脱，称他为"哲学家"。有件事情虽小却引人深思。杰斐逊将所划定区域的各个地方分别命名：喜瓦尼亚、密希高尼亚、雪龙斯、阿森尼西亚、美索不达米亚、伊利诺亚、萨拉托加、乔治·华盛顿、波力波塔米亚和皮力西比娅。幸好这些奇思妙想的地名未能流传下来，若不然，现在上学的孩子们将会苦恼不堪。杰斐逊在报告中所写的关于取消奴隶制的条款最终未能通过。会上只有中部和西部六个州的代表投了赞成票，他大失所望。

以上是杰斐逊任国会议员时从事的立法活动。1784 年 5 月 7 日，杰斐逊离开了国会。

第 7 章

出使法兰西与法兰西大革命

精彩看点

远赴法兰西——法兰西人的友好——美国的债权人——英国人态度——新闻报道中的谣言——战争与和平的矛盾——参与法兰西大革命——谨慎行事——观点和情感——丹尼尔·谢司起义——有报纸而没有政府——对宪法的观点

杰斐逊离开国会后，第四次奉命参与外交事务。他的使命是协助本杰明·富兰克林博士和约翰·亚当斯进行贸易谈判。1784年7月5日，杰斐逊乘船离开波士顿。1784年7月30日，他到达朴次茅斯，然后立刻赶往法兰西，住进了体面的房子，后来又搬到更加富丽堂皇的住宅。杰斐逊精心安排自己的生活，尽量活得有头有脸，富有品味。杰斐逊年薪九千美元，还有自己私人财产收入做补贴，但这些收入与他当时的花费相比，就显得捉襟见肘了。杰斐逊将女儿玛莎送到当时法兰西最时尚、最高级的女修道院学校。

　　不久，杰斐逊觉得自己只是忠诚地代表了美利坚合众国，给大洋彼岸的美国人做了好榜样。除此之外，再不能为自己的祖国多做一点事情。1785年春天，本杰明·富兰克林回了美国，约翰·亚当斯去了英国。外交家三人小组解散了。杰斐逊成了名副其实的驻法公使。欧洲古老的君主政体下，人们还不了解遥远的美洲大陆上新建的共和国。他们不知道美国的经济状况如何、贸易总量是多少，不太重视与美国签订的贸易条约。法兰西以前侵占过北美新大陆，现在为了顾全美国人的脸面，谦恭有礼地公开接待北美来的代表们，殷勤地表现法兰西王室热情好客的一面，以求与其他强国建交。但这些所谓的强国已非同往昔，变得文明、强盛，不再需要法兰西保护，并不在乎法兰西友好的意愿。实际上，法兰西在贸易中并没有多少自信。杰斐逊就美国在自由贸易中的优势提出自己的看法，不遗余力地设法让法兰西轻易不变的贸易条例有所变通。杰斐逊、蒙莫林伯爵阿尔芒·马克和法兰西外交大臣维尔热纳伯爵查尔斯·格拉维尔常有外交通信往来，信中谈论的都是散发着臭气的鲸油、咸鱼、烟草。

因为美国财政困难，所以外交官受辱的事情常有发生。杰斐逊也未能幸免，因为他周围都是美国的债权人。这些债权人虽不以还钱为由敲诈勒索，但折磨得他苦不堪言，仿佛他们的钱多么有价值。按照惯例，杰斐逊气愤而无奈地代表自己的同胞们向法兰西献上可耻的"贡品"。在北美，强大而文明的国家倒是习惯性地给予海盗一些施舍。杰斐逊曾多次极力主张用战争来消除海盗隐患，因为战争比受窝囊气更划算，更有荣耀感，代价更小。杰斐逊还提出要发展国际贸易，组建联合海军，让那些海上强盗在自己的水域瑟瑟发抖。他满怀希望，也曾为此殚精竭虑，最后却功亏一篑。

1786年暮春，杰斐逊去伦敦协助约翰·亚当斯进行各种悬而未决的商贸谈判。杰斐逊按照惯例觐见了英王乔治三世和王后，"他们对我和约翰·亚当斯漫不经心，我们从未受过这种轻视。"外交大臣是来自卡马森郡的一位侯爵，说话时含糊其辞、不谈正事，似乎要让杰斐逊明白，英国"所有讨厌的事都与美国有关"。杰斐逊一无所获，只好闷闷不乐地离开，印在他脑海中的全是英国人的冷漠和傲慢。此次英国之行后，杰斐逊认为英国对美国充满敌意，更加轻蔑和仇视英国。后来，杰斐逊在信中多次言辞激烈地提起此事。

> 英国仇恨我们。英国大臣仇恨我们，国王乃至所有的人都仇恨我们。在签订贸易条约时，我们的主动提议换来的却是冷

第7章 出使法兰西与法兰西大革命

嘲热讽……英国人对我们的敌意是现在而不是战时产生的。

尽管两国签订了各种条约,可英国依旧是我们的敌人。他们对我们的仇恨根深蒂固。他们唯一想做的就是将我们连同我们所生活的这片土地全部从地球上抹去。

英国不希望在政治上与我们建立联系。贸易谈判中,他们会牵着我们的鼻子走,要求我们言听计从。英国的执政党和在野党都不支持我们,甚至全国上下都反对我们。

目前,英王乔治三世、大臣们、英国民众都对我们充满敌意,比战时有过之而无不及。

英王乔治三世、王后与他们的孩子们

这种敌对意识在英王乔治三世心中酝酿已久，又在臣民中蔓延开来，影响了大部分行政机构。

我直言不讳地说……英国自古以来就是我们的敌人，是地球上唯一希望我们彻底毁灭的国家。我确信若我们的国家被大海吞没，整个英国大地上将会亮起点点篝火，庆祝我们的灭亡。

杰斐逊极不信任英国，甚至认为"英国人有可能给阿尔及利亚人提供帮助"。

欧洲各国的新闻报道中，英国不断变本加厉地对美国恶语相加。杰斐逊非常愤怒。他说："和平时期，整个欧洲对我们非常热情，这根本就是个谣言。英国每天利用报纸为美国造谣生事，令人印象深刻，可见英国是多么厚颜无耻。这些谎言登在欧洲许多国家的报纸上，反而使英国民众更加相信美国有多恶劣。"杰斐逊说，美国在国外的声誉不好，"一方面是美国自身的问题，另一方面则是伦敦的报纸到处散播谣言。主管新闻报道的部长出钱支持散播谣言，就是为了让英国民众也加入反对我们的行列。难怪每一份报纸上都有若干反对美国的言论"。

英国人普遍反美，杰斐逊感到未来一片渺茫。"英国民众的呼声往往会影响国家的管理。臣民们只尊崇英王乔治三世的意志，前途令人担忧。""不知什么时候，美国民众也开始仇恨英国……我们的同胞充满激情，热衷自己的事业，无暇顾及自己的得失。"这种敌意渗透到民众中间，"影响他们的所作所为，长此以往会引发灾难"。杰斐逊说："这个时代，罗马和迦太基时期的事情不可能再发生。"他也不免自我安慰地认为："我们的国家还年青，存在的时间一定会比英国长。他们就像腐朽的机器，将在困难中被压得粉碎。"

杰斐逊爱好和平，习惯在和平的环境中发挥自己的才能。杰斐逊

第7章 出使法兰西与法兰西大革命

曾指出"只有战争胜利了才不会赔偿损失",但他一生都对掠夺恨之入骨。杰斐逊反对与英国开战,又十分痛恨英国。他并不好战,内心深处早就埋下了向往和平的种子。杰斐逊知道英国人想干什么。仇恨英国的同时,他也清楚地看到美国长期以来的堕落和固执。杰斐逊满怀正义地说:"十二年来,我们的敌人一直与理智背道而驰,这是他们一贯遵循的原则。我早已看穿了英国人的伎俩,对他们下一步的行动了如指掌。他们根本不愿意和我们和平相处。"杰斐逊有点冒险地说:"英国如此无理,就是欠揍。"[①] 平心而论,杰斐逊认为英国的政府体制的确很有特色,对政府各部门和那些地位显赫的官员们却嗤之以鼻。

令人懊恼而乏味的英国之行结束后,杰斐逊又回到了他感觉比较和谐的法兰西。巴黎愉快的时光已过去几年,这些时间对美国来说似乎没什么重要的意义。杰斐逊感到很满足,当时还不知道这段时光对自己有什么影响。这段时光就像是一个播种的季节,直到杰斐逊成为美国一个强大政党的领袖后,才到了收获的季节,结出了成熟的果实。

杰斐逊在法兰西长达五年。他刚到法兰西时,法兰西君主政体尚且稳固。等他离开时,巴士底狱已被攻破,街上血流成河。暴动的民众威慑法王路易十六,杀死了内阁大臣。杰斐逊比任何一个法兰西人都更加饶有兴趣地观察法兰西革命,也没有人比他有更好的机会来观察法兰西逐渐高涨的革命热情。杰斐逊与拉法耶特侯爵吉尔伯特·德·莫蒂[②]建立了亲密的关系,一开始就进入拉法耶特侯爵吉尔伯特·德·莫蒂领导的自由爱国的政党内部。拉法耶特侯爵吉尔伯特·德·莫蒂领导的改革者行事稳重、头脑理智,与后来的暴力革命者们完全不一样。他们发现杰斐逊身上有一种与自己相似的精神:杰斐逊常思考他们正在思考的问

[①] 艾尔伯特·杰伊·诺克:《杰斐逊传》,第 109 页,1926 年出版。——译者注
[②] 吉尔伯特·德·莫蒂(1757—1834),法兰西贵族,立宪派首脑,1789 年出任法兰西国民军总司令,参与起草了《人权宣言》。——译者注

拉法耶特侯爵吉尔伯特·德·莫蒂

巴黎暴动

法兰西民众攻打巴士底狱

占领巴士底狱

题，拥有他们正在逐步获得的信念。他们立刻请杰斐逊当顾问，并把杰斐逊当作知音。他们认为杰斐逊是一位关心人权、推理严密的思想家，是传播政治自由激进学说的布道者，执政理论的设计者，表达含糊却极具概括力的提议者，更是现实中阻碍社会发展势力的谴责者。按当时流行的话来说，杰斐逊简直就是一位"哲学家"。杰斐逊憎恶法兰西王权的专治，仿佛自己就是法兰西人，每天都兴致盎然地去凡尔赛宫前参加法兰西国民公会的辩论。拉法耶特侯爵吉尔伯特·德·莫蒂和其他人都去征求杰斐逊的意见。波尔多大主教是法兰西国民公会中某一委员会的负责人，负责起草宪法。深思熟虑后，他邀请杰斐逊"参加宪法审议"。

凡尔赛宫

第7章 出使法兰西与法兰西大革命

杰斐逊很明智地拒绝了。几个朋友私人聚会时，杰斐逊慎重提议道："在神圣的王权之下，路易十六的权利应由权利宪章来规定。该宪章应由国王路易十六和法兰西国民公会每位成员共同签署。"杰斐逊起草了该"宪章"最主要的部分。

杰斐逊的行为似乎不合规矩，但他对身边异常的政治事件特别感兴趣。杰斐逊与拉法耶特侯爵吉尔伯特·德·莫蒂等人友谊深厚。拉法耶特侯爵吉尔伯特·德·莫蒂等人也尊重杰斐逊。杰斐逊很可能也从中受到影响，经不住诱惑而卷入一些政治事件。总体上来说，杰斐逊谨慎小心，懂得自我克制。一次，拉法耶特侯爵吉尔伯特·德·莫蒂事先没有征求杰斐逊的意见，安排了六到八个法兰西国民公会自由党不同地区的领导到杰斐逊家吃饭，希望这些领导人能达成协议。杰斐逊对朋友的这种"漫不经心"感到十分恼火。第二天早晨杰斐逊要求蒙莫林伯爵阿尔芒·马克①做出解释。事后，杰斐逊写道："蒙莫林伯爵阿尔芒·马克做了解释，说他已经知道所发生的一切，认为拉法耶特侯爵吉尔伯特·德·莫蒂等人不该在那种场合使用我的房子，请我不要生气，还真诚地希望我能一如既往地参加他们的会议。他确信我能缓解紧张气氛，切实促进改革向好的方面发展。我告诉他，我对国王路易十六、对法兰西王国、对美国都负有责任，不干涉法兰西王国的内政。我要以旁观者的身份积极主动、不偏不倚、百折不回地坚持那些对法兰西王国最有利的措施，并让其推广开来。"

人们普遍认为，杰斐逊在法兰西形成的观点对他以后的政治生涯影响深远。这种说法有点夸张且有失公允。杰斐逊青年时期就从事理论学习，经常处理政治和社会事务。去法兰西前，他在各个方面已经完全成

---

① 蒙莫林伯爵阿尔芒·马克（1745—1792），法兰西政治家，曾任法兰西王国外交大臣和海军大臣。——译者注

熟，做事更加独立。杰斐逊的性格和激进的思想经国外历练后更加趋于稳定。杰斐逊喜欢法兰西、仇恨英国的情感不是到欧洲后才形成的。去欧洲之前，两种情感就在他心里酝酿已久。杰斐逊驻留法兰西的时间较长，去英国只是简短的出行。通过对比后，杰斐逊对法兰西更加情有独钟，对英国的成见越来越深。有人说，杰斐逊后来的执政是将法兰西政治的"种子"带到异国他乡生根发芽，并非是本国环境中土生土长的。持这种观点的人完全不了解杰斐逊。在性格形成以前，杰斐逊从未去过美国以外的地方。一直以来，杰斐逊都是激进的民主主义者，仇恨英国而喜欢法兰西，同情法兰西大革命。欧洲之行证实了杰斐逊先前的观点，强化了他长期藏在心中的情感。杰斐逊对英国和法兰西王国的看法与情感形成强烈的对比，如能彼此中和就会更加有益。如果杰斐逊看到法兰西的恐怖统治和罗伯斯庇尔的权势，看问题就不会如此泾渭分明。1789年9月，杰斐逊强烈要求告假回家，从法兰西勒阿弗尔乘船回美国。世事多变，这次回来后，他再也没有离开过美国。

人们认为，过去五年里，杰斐逊并非背井离乡、被流放国外，他一直在为自己的祖国增光添彩。法兰西的确有许多迷人之处，但跟自己亲爱的祖国相比，一切都显得相形见绌。杰斐逊说："伦敦比巴黎美，可再美也美不过费城。"就教育而言，在欧洲只能多学到点现代语言知识和不道德的行为。国外最好的课程只能达到威廉-玛丽学院的水平。杰斐逊建议詹姆斯·门罗去法兰西，并说："那里的土壤、气候、平等、自由、法律、民众以及人们的行为举止都会让你对自己的祖国羡慕不已。"杰斐逊预言，许多欧洲人会来美国定居，但"绝不会有哪个美国人想搬到欧洲去定居。"杰斐逊认为自己的同胞们"天生洁身自好，品德高尚，丝毫没有受到浩瀚的大洋那边的欧洲人的影响。""我们的宪法确有瑕疵之处……我们的政府若与欧洲的政府相比，简直一个是天堂，一个是地狱。英国就如同天堂和地狱之间的中转站。"

恐怖统治

罗伯斯庇尔

第7章 出使法兰西与法兰西大革命

杰斐逊是纯粹的爱国主义者。在他眼中，自己祖国发生的一切事情都比国外好。马萨诸塞州丹尼尔·谢司[①]的起义很大程度上促成了新宪法的通过。杰斐逊认为，丹尼尔·谢司领导的起义值得称赞。

这些起义并没有引起多么可怕的事情，反而证明人民有足够的自由。我不希望他们的自由有所减少。如果以这些小小的起义来保全人民大众的幸福，再划算不过了，就是发生流血冲突也没有什么大不了的。""严厉惩治起义将压制保护自由的民众。""偶尔出现小小的起义反而是件好事……遵循这些道理，可以使管理者们在惩治起义时变得温和一点，但绝不是鼓励人们多起义。起义也是给政府疗伤的一剂良药。""假如十一年中，十三个殖民地中有一次起义，平均每个州一百四十多年或者一个半世纪才发生一次起义，这个数量比现在别的政府管理下的起义少得多。不同政府惩治起义的轻重程度也彼此有别。""历史上有如此体面地进行的起义吗？上帝不允许我们二十年中没有一次暴动。一两个世纪内丢掉几条性命又有什么呢？有了爱国志士的流血牺牲和暴君的断头，自由之树才会长青。"

一个真正伟大的政治家说出这样愚蠢的话，真会动摇人们的信仰。杰斐逊的这些思想并非受了法兰西大革命的影响。最后的这些话是在1787年9月说的。当时杰斐逊大概正在向法兰西温和派传授这些离奇的观念，而不是从他们那里学习什么狂热的思想。看到"国王路易十六和贵族们的阴谋"，杰斐逊引身而退，并没有参与其中。在一段时间内，

[①] 丹尼尔·谢司（1747—1825），美国军事家，独立战争时的军官。1786年马萨诸塞州发生经济危机，他领导被迫负债和遭受政府错误政策压迫的农民起义。——译者注

杰斐逊曾鼓吹过荒谬的"无政府"论。杰斐逊说:"民众的意志是政府得以建立的基础,首先得要保证意志的正确性。"杰斐逊的这种观点还算明智,若是将民众意志当作上层建筑的基础,就有点荒谬。杰斐逊补充道:"如果让我选择有政府而没有报纸,还是有报纸而没有政府,我宁愿选择后者。""印第安人的社会没有政府,但我相信,他们的民众肯定比欧洲政府管理之下的人们幸福得多。有了政府,公众意见受到法律的约束,道德对人们的抑制也像法律一样强大。""社会应按以下三种形式存在:一、像印第安人一样没有政府。二、政府管理之下,每个人的意志都得以体现。三、强权政治的管理之下……我现在还没有想明白第一种状况是否最好。"一位智者如此讲话,可见杰斐逊失去了耐心。

  杰斐逊在国外的主要任务是签订贸易条约。国外的经历使他明白,若要与外国建立关系,美国各州就得更加紧密地团结起来。关于丹尼尔·谢司起义,杰斐逊的看法与别人截然不同。显而易见,杰斐逊还没发现,国内更需要牢牢地抱成一团。杰斐逊说:"在对外事务上,美国各州要牢牢结为一体,处理纯属国内的问题时可各抒己见。"美国宪法颁布时,杰斐逊感到其中的许多内容不是残缺不全,就是毫无根据。杰斐逊在公文中写道:"我很难同意国会的做法。"他曾十分严厉地批评国会。后来,杰斐逊看到了联邦党人的争论,通过与詹姆斯·麦迪逊、詹姆斯·门罗等人通信,经深思熟虑后,逐渐改变了对宪法的观点。1788年5月,杰斐逊说:"我殷切盼望新宪法全部得以批准。就我们现在的处境而言,这件事举足轻重。"杰斐逊虽然对宪法中的一些细节心存芥蒂,但在情感上却能与大多数新宪法热心的倡议者们共鸣。杰斐逊最终像其他人一样接受了新宪法。杰斐逊"十分满意新宪法将为民众带来的利益,并希望找出有利的时机来修正其中的瑕疵"。杰斐逊希望能有九个州接受新宪法。他说:"为了使宪法中好的内容得以保留,一段时间后,可能对其做一些必要的修订。"

新宪法通过

杰斐逊后来明确表示，马萨诸塞州的计划"更胜一筹"，并且希望其他犹豫不决的州也能效仿马萨诸塞州。1788年11月4日，杰斐逊写道："看到十一个州接受新宪法后，我欣喜若狂。第十二个州也没有反对。第十三个州反对与否已不太重要。"杰斐逊对新宪法的看法很多，但其要旨完全相同。杰斐逊的观点很大程度上表明了他对新宪法的真实情感，有力地驳斥了后来的政敌们不公正的指责。杰斐逊曾很有个性地声明："我不是联邦主义者，我的思想体系从不属于任何人、任何党派。无论在宗教、哲学、政治上，还是其他任何领域，我都有自己独立的见解。如果不加入一个党派就无法去天堂，那我情愿不去。我也绝不是反联邦主义者。我始终支持新宪法中的绝大多数内容。"杰斐逊表明自己完全支持新宪法，对此坚信不疑，别人无须再争论。和亚历山大·汉密尔顿相比，新宪法很有可能更接近杰斐逊的理想。杰斐逊之所以一直反对新宪法，是因为新宪法有两个缺点：一是缺少《权利法案》，二是总统可以连任连选。第一个缺陷已被迅速而明智地补全，第二个缺陷实际在杰斐逊自己英明地开创的惯例中受到了限制。

第 8 章

出任国务卿与反对亚历山大·汉密尔顿

精彩看点

出任国务卿——内阁成员——战时债务承担——政治交易——无力的辩解——亚历山大·汉密尔顿的财政方案——奇异的想法——分歧越来越大——错误的说法——不共戴天——对死人的诽谤

1789年10月23日，杰斐逊从英国考斯乘船回国，1789年12月23日到达蒙蒂塞洛。庄园里的奴隶们热烈地举行了欢迎仪式。离开法兰西时，杰斐逊本想用几个月的时间回趟家，然后迅速返回，去亲眼见证轰轰烈烈的法兰西大革命。一到美国，乔治·华盛顿总统就邀请杰斐逊担任国务卿一职。杰斐逊并不想去，因为他最感兴趣的是法兰西大革命。杰斐逊向乔治·华盛顿回复，自己应该遵从总统的意愿，但并不想改变自己的现状。乔治·华盛顿再次写信，极力劝说杰斐逊任国务卿。詹姆斯·麦迪逊[①]亲自到蒙蒂塞洛向杰斐逊说明情况，让他任国务卿的目的很明确，就是想让他发挥个人影响力。迫于压力，杰斐逊很不情愿地放弃了继续去法兰西的想法，接受了国务卿的职务。杰斐逊办理好自己的家事后，于1790年3月21日到达纽约任职。

　　当时，内阁成员只有四人。约翰·杰伊为临时国务卿，正式任命的国务卿一到，他就出任首席大法官。乔治·华盛顿总统就职后，亚历山大·汉密尔顿出任财政部长，同时亨利·诺克斯被任命为战争部长。

---

① 詹姆斯·麦迪逊（1751—1836），美国民主共和党成员，美国第四任总统，大陆会议代表，制宪会议的主要人物，担任总统期间领导了第二次美英战争，保卫了美国的共和制度，为美国赢得彻底独立。——译者注

后来，埃德蒙·伦道夫出任首席检察官。内阁公共事务中，最大的反对力量来自亚历山大·汉密尔顿。亚历山大·汉密尔顿精力充沛，才华出众，善于承担艰巨而复杂的任务。所有与国家外债和内债有关的问题，都经亚历山大·汉密尔顿建议后提交国会处理。亚历山大·汉密尔顿提出了由联邦承担各州战时债务的计划，引起了激烈的争论。相互对立的两派有的兴高采烈，有的叫苦连天。众议院委员会召开会议，讨论了该承担方案，讨论结果为：三十一票赞成，二十一票反对。方案随即被提交到众议院大会。适时，北卡罗来纳州的代表到了，事情发生了扭转。1790年3月29日，该方案被否决。从人们的情感状态来看，一场严重的危机正威胁着这个年轻的国家。国会每天都在开会、休会，并未解决任何问题。敌对的派系在任何议题上都很难达成一致。除了战时债务的问题外，议员们都不屑于思考和谈论别的事情。亚历山大·汉密尔顿看在眼里、急在心里，因为财政部关乎着新政府的命脉。有了民众的支持，国家才有财政收入。亚历山大·汉密尔顿深谋远虑，正面展开稳步攻势的同时，也策划从侧面进行迂回包抄。他想到了新策略，决定要充分发挥杰斐逊的作用。

　　正在这个时候，国会内部就首都选址问题产生产了局部分歧。南部各州想选波托马克为首都，中部和东部各州想再往北一些。最后，支持在北方选址的一方占了微弱的优势。关于战时债务承担问题，辩论中也分成了两派。中部和东部各州支持战时债务承担方案，南方各州持相反意见，最后南方各州占了微弱的优势。就目前状况来看，两个问题还有商量的余地，也有不可抗拒的诱惑，只要理由正当，就可以取得令人满意的结果。亚历山大·汉密尔顿决定做一笔交易，准备支持波托马克为首都，以此为交换，让投票支持选择波托马克但反对战时债务承担方案的那些州投票支持战时债务承担方案，这样就可以为自己的债务承担方案多赢得几张选票。为实现其政治交易，亚历山

埃德蒙・伦道夫（右二）与同僚

战场上的亚历山大·汉密尔顿

亨利·诺克斯

大·汉密尔顿选择了杰斐逊这个得力的伙伴。一天，亚历山大·汉密尔顿在街上遇到杰斐逊。他们边走边谈。亚历山大·汉密尔顿悲切地描绘了国家的危险处境，情真意切地请求杰斐逊，希望他能够利用自己和朋友们的影响力来挽救国家。杰斐逊回答道，他对整件事情"知之不多"，但如果要维护祖国利益，那么他责无旁贷。杰斐逊请亚历山大·汉密尔顿第二天一起吃饭，还要请一两个朋友，希望共同设计一个两全其美的"折中方案"。结果，饭局达到了预期的效果。杰斐逊后来写道，他"不可能亲自参与讨论，只是牵线搭桥，促成了此事，并不清楚事情的来龙去脉。"饭桌上，双方提出了各自的条件，马上达成一致。这笔交易就这么轻而易举地完成了，既能实现定都波托马克的目标，又可赢得战时债务承担方案的通过，双方各得其所。按事先约定，双方将选票提交国会。这次，亚历山大·汉密尔顿的财政方案稳占优势。

　　后来，杰斐逊很后悔自己参加了这笔交易。杰斐逊从个人的角度看待问题，犯了严重的错误，很大程度上帮助亚历山大·汉密尔顿树立了威望，扩大了影响力，有效地促进了亚历山大·汉密尔顿财政方案的成功实施。亚历山大·汉密尔顿后来成了杰斐逊政治上的劲敌。无奈之下，杰斐逊找到参与谋划的那伙人寻求解释，就像一只为逃离陷阱而不得不咬断自己腿的狐狸。为了否定此事，杰斐逊完全牺牲了自己特有的精神品质，忘记了自己在政治上精明的一面。他被亚历山大·汉密尔顿下了套，在自己不熟悉的领域上了人家的当。财政部长在进行一笔缺德的交易，而他作为国务卿，却"非常无知地拿着蜡烛为其照亮，"站在一边推波助澜。这种辩解似乎表明杰斐逊不适合从政。同时这种辩解也贫乏无力，可信度不强。杰斐逊如此为之，可能另有缘故。从政治的角度来看，这笔交易简单明了，五分钟之内就可以明白亚历山大·汉密尔顿葫芦里卖的是什么药。战时债务承担方案十分健全，杰斐逊本期望能听到别人对它的议论，不料一无所获。该方案的确立一波三折，杰斐逊最清楚其中的苦衷。如果杰斐逊当初没有拿定主意支持该方案，那么他就显得太轻率、太鲁莽。杰斐逊既然当初没有慎重考虑，就无权指责亚历山大·汉密尔顿，也不应该提出并宣扬自己的观点①。其实，透过杰斐逊的各种理由和实际行动，事情的真相显而易见。亚历山大·汉密尔顿的财政方案如同人皮肤下面的肌肉，表面之下才是力量所在。杰斐逊怀疑亚历山大·汉密尔顿财政方案强

从政期间的亚历山大·汉密尔顿

---

① 在杰斐逊 1790 年 6 月 20 日写给门罗和 1790 年 6 月 27 日写给吉尔默的信中，可找到证据，他当时对自己所做的事情理解到位，并对此寄予希望。——原注

大的影响力之前，就有人征求过杰斐逊的意见。当时杰斐逊同意参与其中，这才是事实真相。杰斐逊实际上十分愿意推行该财政方案。该财政方案让联邦得以持续，产生的影响更加深远。后来，杰斐逊很欣赏亚历山大·汉密尔顿，因为亚历山大·汉密尔顿能出奇制胜地操纵财政，能采取适当的财政措施，使政府可支配的财政收入相当可观。亚历山大·汉密尔顿的财政方案应不断得到加强和巩固，集中力量为社会谋利益。

　　杰斐逊的想法逐渐被人们知晓。他觉得自己糊里糊涂地受人欺骗去改变政府的运行原则，做了自己深恶痛绝的事，对此异常愤怒。杰斐逊也对自己曾为亚历山大·汉密尔顿的交易牵线搭桥、推波助澜而懊恼不已。杰斐逊觉得这种做法违背了自己的本意。他不仅参与了此事，还与亚历山大·汉密尔顿一起寻求同伴，共同谋划。最后，杰斐逊算是看清了事情的真相，亚历山大·汉密尔顿其实充分利用了他的天真，引诱他去宣告亚历山大·汉密尔顿用自己的智慧打败了杰斐逊。杰斐逊对亚历山大·汉密尔顿恨之入骨。杰斐逊曾是种植园主，经营种植园时有自己得心应手的办法，但不是财政专家。杰斐逊热情难抑，要将以前的经验变为理论，用来处理错综复杂的国家财政问题。杰斐逊的思想有时狂热不已，常常荒谬地异想天开。去内阁任职的几个月前，杰斐逊曾有一个奇异的想法，他说："这样的结果不仅值得做出决策，而且要成为政府基本准则。"后来，大家才知道他的伟大而令人迷惑的学说指什么。杰斐逊认为任何公共债务存在的时间不能比设立债务的这一代人的寿命更长。他像一位大胆而独到的逻辑学家，提出了一个"不证自明"的命题。"活着的人在土地上设立了用益物权，人死了之后再无权使用它。"他说，一旦一项公共债务存在的时间比设立它的一代人的寿命长，"土地上"设立的益物权就变成了一种死人强加给下一代的负担。这种说法与"不证自明"的前提背道而驰，

第8章 出任国务卿与反对亚历山大·汉密尔顿

显然不对。杰斐逊认为，假如一个人在二十一岁有权设立债务，大多数在二十一岁时活着的人会再活三四十年。由此推断，一代人可能会背负长达三四十年的债务。"一代人由各个年龄段的人组成，法律的制订是以二十一岁以上的所有人为对象。他们中的大多数人很快就会死去，三四十年的合同期太长。"于是他将该负债时间减少到十九年。一个有影响力的领导人说这样的废话，真让人感到可笑、可怜又可怕。由此可见，杰斐逊在批评世界上有史以来最伟大的财政专家时，难免让人感到有点遗憾。

杰斐逊完全没有意识到自己不善于处理财政问题，毫无顾忌地批评别人，实在是一种危险的做法。杰斐逊总是说，亚历山大·汉密尔顿的财政体系就是一个谜，民众从来不能理解也无法质询。1802年，杰斐逊在写给艾伯特·加勒廷①的信中提到亚历山大·汉密尔顿：

> 他想将财政问题复杂化，乔治·华盛顿总统和国会都无法理解，因此也无法控制他，政府几乎成为他操纵的机器。亚历山大·汉密尔顿先通过负债的方式增加财政收入，然后将这些东拼西凑来的财政收入作为自己的财政拨款，用在不同的对象上。实际上，好多收入根本不存在，整个财政系统被他搞得乌烟瘴气。这就是亚历山大·汉密尔顿提出的最武断、最不可思议的财政政策。

1818年，杰斐逊才公开说，亚历山大·汉密尔顿建立的财政体系在实际运行中完美无比，根本无懈可击。杰斐逊对亚历山大·汉密尔顿的指责绝对真实，因为亚历山大·汉密尔顿的财政体系一直是杰斐逊

---

① 艾伯特·加勒廷（1761—1849），美国民主共和党成员，人类学家、语言学家、外交家、政治家，曾任美国财政部长。——译者注

无法破解的"难题"。尽管如此,杰斐逊还是盲目地仇恨和谴责亚历山大·汉密尔顿,滔滔不绝地讲一些放之四海而皆准的道理。杰斐逊对具体问题吹毛求疵时,对经济原则却一无所知,思维异常混乱。相比之下,亚历山大·汉密尔顿的财政体系宏大而简洁,有总的大纲,也有具体的操作细则。他向国会提交的报告清晰易懂,就连妇女儿童都能理解。杰斐逊不太熟悉这个领域,没有什么难题要解决,也算是一件幸事。亚历山大·汉密尔顿的财政体系日趋完善,控制了除国家银行以外的其他政府机构。杰斐逊和亚历山大·汉密尔顿之间的分歧越来越大。

有人认为,乔治·华盛顿组建内阁就是为了合并政党,将持相反政见的主要代表人物召集在一起,让他们成为政治上的搭档。这种说法以两种错误的判断为依据,显然不正确。第一,杰斐逊反对亚历山大·汉密尔顿所支持的宪法。这已证明是错的。第二,杰斐逊和亚历山大·汉密尔顿分别从一开始就建立了相互对立的财政体系。可事实并非如此。一段时间内,所有人都对杰斐逊和亚历山大·汉密尔顿疑心重重,捉摸不定新政府的政策。结果表明,杰斐逊和亚历山大·汉密尔顿所做的一切都十分符合事实逻辑,也符合国家和民众的实际特点。他们已离我们远去,我们不得不改变对他们的看法。这两位主要人物的思想特点过了好长时间才得以显现。他们曾相互学习,相互影响。亚历山大·汉密尔顿和杰斐逊有一定的友情基础。他们自己也很清楚,他俩不可能和睦友好地去奉行同一种政策。起初,美国政治生活中的确没有两个政党,更没有两种体制。只是人们思想观念中自然而然地觉得他们是两个党派,这种观念就像是斜躺在矿坑里的矿石,有一半不为人们所见,尚未加工成形。

有人曾旗帜鲜明地反对亚历山大·汉密尔顿的所有观点,但他们不是有组织的党派,也没有明确的政治原则。亚历山大·汉密尔顿的

第8章 出任国务卿与反对亚历山大·汉密尔顿

财政体系逐步趋于完善，人们对亚历山大·汉密尔顿这位创立者的了解也更加全面。亚历山大·汉密尔顿建立了财政秩序，增加了财政偿付能力，使政府越来越强大。亚历山大·汉密尔顿以自己的准则来解释宪法，为政府的运行奠定了基础。政府有了更多的权力。人们都知道，亚历山大·汉密尔顿推崇君主政体。他没用多长时间就将一个共和政府变得如此强大。具有民主主义思想的人们对此惊恐不已，他们牢牢抱成一团。这些人中间，杰斐逊的民主主义思想最强，对君主政体最警惕。回想杰斐逊宁愿无政府也要有报纸的观点，我们不难想象，杰斐逊看到一个联邦如此迅速地转变成君主政体的国家时，该有多么伤心。不久杰斐逊又有了奇思妙想。他认为就当时情况来看，亚历山大·汉密尔顿如同开着船航行在一条毁灭之路上，而他杰斐逊要在乘客中低声发出警告，组织一场哗变，来对付亚历山大·汉密尔顿。因为真正有权掌舵的是他杰斐逊，而不是亚历山大·汉密尔顿。杰斐逊和亚历山大·汉密尔顿相互信任的时间不长，有过短暂的友谊。没想到他们后来成为政治上的劲敌。两个朋友相互指责、攻击，各自的追随者们也参与其中。不久以后，他们彻底撕破了脸，相互之间的攻击日益尖刻，甚至反目成仇，不共戴天。

由于和亚历山大·汉密尔顿的斗争，杰斐逊开始准备撰写著名的《语录》，为自己树立好名声。杰斐逊的朋友们不敢为这些令人恐怖的言辞辩护。有人以向杰斐逊道歉的方式进行辩解，倒是起了一定的作用。杰斐逊的著作出版时，编辑以责任为借口，借杰斐逊之名，诽谤杰斐逊已死去的政敌，并将这些诽谤永久地保留下来。其中不过是一些毫无意义的、传了再传的谣言和闲话，以及充满恶意的故事，目的是攻击敌人的名誉。而这位编辑所谓的"敌人"从来也没有攻击过他本人一次。更令人可憎的是，这位编辑让这些恶毒的片断整理出版。当时他所攻击的"敌人"早已死去，已无法以现有的证据反驳，而他

艾伯特·加勒廷

总统任上的乔治·华盛顿

自己死后，也无人将他叫来当面对质，更不能惩罚他。编纂这些臭名昭著的片断可算是历史上最卑鄙的行为，严重损害杰斐逊的名誉，远远超过了杰斐逊一生中所犯的错误和政敌们对杰斐逊的攻击。如果这位编辑能够抵挡住诱惑，不要对这些已死去的所谓的"敌人"卑鄙地进行报复，那么他在人们心目中的地位就会更加高尚。

第 9 章

反对君主政体及同联邦党人论战

精彩看点

成功的政治家——君主政体的影子——支持共和的人——坚持自己的观点——财政政策——投机活动——银行法案——银行促生了腐败——国债——支持新宪法——广大民众的支持——菲利普·弗瑞诺引起的论战

杰斐逊才华卓越，智慧超群，是位成功的政治家，在美国历史上就像一颗璀璨的明星。他与别人之间不太受人称颂的斗争也众说纷纭。杰斐逊不仅是一位政治家，还具有政治家所没有的一些优点。杰斐逊还是一位思想家，深刻地思考政府理论以及社会、政治组织原则。他是激进分子中的激进分子，是激进阶级中的民主主义者。他从未宣称过民众应该组织政府，因为他的潜意识中，政府根本不应该存在。"人权"是当时最流行的词语。杰斐逊认为"人权"意味着完全没有政府控制。相对温和的政敌们称杰斐逊为"空想家"。他那些不合实际的空洞理论似乎也证明了这一点。更尖刻的攻击者们指责杰斐逊不诚实。杰斐逊也有不聪明的时候。他以自己惯常的方式处理问题，从不计较小事，总是粗心大意。杰斐逊信守自由学说，奉行宽松的民主，坚持无政府主义，不放弃宗教立场，对宗教的热忱和激情堪比穆罕默德或约翰·卫斯理[①]。杰斐逊总是怀疑与自己持相反观点的人，认为他们邪恶可憎，在人类最

[①] 约翰·卫斯理（1703—1791），18世纪英国国教（圣公会）神职人员和基督教神学家，为卫理宗的创始者。——译者注

约翰·卫斯理向民众讲解基督教教义

约翰·卫斯理向印第安人传教

关切的问题上散播谎言。杰斐逊有可能听信了一些不怀好意的传言，对持不同观点的人早就怀有成见。杰斐逊善于观察，才思敏捷，很快就看清亚历山大·汉密尔顿用什么办法迅速组织起一个强有力的中央集权式团体。杰斐逊看到，支持亚历山大·汉密尔顿的都是能力非凡、雄心勃勃的人。有些人得到了公众的信任，获得了权力；有些人狂敛了大笔财富；还有些人树立了广泛而强大的社会、政治影响力。看着这些毫无前途的发展，杰斐逊既恐惧又反感，情不自禁地担忧人类的自由将在美国彻底毁灭。透过联邦主义者神秘的政策，展现在杰斐逊眼前的是君主体制的影子。杰斐逊觉得亚历山大·汉密尔顿这位财政部长的每一项措施都是君主政体下的狡猾手段。联邦主义者们每次集会，杰斐逊都仿佛能听到那些"君主主义者们"的小声谋划。如果有人饭后喝了酒，说了大话，传到杰斐逊的耳朵里又会被夸大。他会将听到的话记下，作为君主政体计划有力的证据。杰斐逊将自己写在纸上的偏激思想寄给了朋友们。这些片断后来被收集到一起，形成了他的《语录》。杰斐逊悲伤地将别人为自己散播的流言蜚语告诉了乔治·华盛顿，并一再重复，但乔治·华盛顿却说他在胡说八道。

多年之后，杰斐逊回忆起这段时光时说，他刚到纽约不久，就看出了这种可怕的君主政体倾向。

杰斐逊说："总统热诚地接待了我，我的同事们及圈内所有重要的人物都明确表示欢迎我的到来。两个对立的政治派系都对我这个初来乍到者谦恭有礼，将我当作他们中间的一员。他们饭后谈论的内容让我感到很惊奇，也很没面子。他们谈论的主题当然是政治。他们更愿意要君主政体，而不愿选择共和政府。我不是一个放弃自己信仰的人，也不是一个伪君子。我发现在场的所有人中间，我是唯一支持共和的人。"

第9章 反对君主政体及同联邦党人论战

这些话萦绕在美国大地上，一直是人们争辩的内容。当时的社会环境中，任何夸张的说法都会被认为是谎言。事实上，杰斐逊后来发现自己的政治信仰并不完美，也曾痛苦万分。听到君主政体，杰斐逊就觉得是对民主的冒犯。宪法不可能做到让每个人都满意，宪法的作用通过政府才能体现出来。人们公开讨论宪法的效力，还未从心底里忠诚于宪法，也没有萌生对宪法的自豪感和深情。杰斐逊对君主政体深感忧虑。他甚至想改变政府形式，指控君主政体的拥护者。

杰斐逊觉得君主政体十分恐怖，认为亚历山大·汉密尔顿坚决反对宪法。这种说法不攻自破。长期以来人们都普遍认为亚历山大·汉密尔顿是宪法最忠实的支持者。谁是谁非，乔治·华盛顿总统心知肚明。杰斐逊说："他（乔治·华盛顿）认为，目前之所以争论不休，是因为有人怀疑某一党派做得太过分了。也许有人想把政府的形式变成君主政体，但他不相信有阴谋。也许有人希望在上流社会，特别是大城市里，实行君主政体，但东部、南部各州的绝大多数人都坚信共和。"这些话是杰斐逊自己说的，可靠性强。

我们要像探求真理一样对待杰斐逊的思想，不必过分关注他的行动。杰斐逊深信亚历山大·汉密尔顿等人为了君主政治搞阴谋诡计，认定他们背叛了宪法。杰斐逊的信念刚开始时如同一粒芥菜种子一样微小，但他坚持不懈地反复声明自己的信念。他的信念不断增强，变得像参天大树一样茂盛。杰斐逊经常重申自己所持的观点，并找证据证明自己的观点。天长日久，他对自己的观点深信不疑。一位读者从杰斐逊的信件和回忆录中发现，杰斐逊将多年来挂在嘴边的"君主主义者"和"独裁主义者"们描述得像水蛇一样毒。这位读者认为，杰斐逊经常提到的这些人应该存在，若不然他就是将一些子虚乌有的东西说成事实。一谈到这个话题，杰斐逊往往真情流露。这种情感至深至强，难以言表，根本不像虚情假意。

杰斐逊认为君主主义者做事的目的令人厌恶，其手段也很卑鄙。他们连同拖欠的利息全额付清了国内债务，然后出台了各州债务承担方案。一年半的时间内，君主主义者们提供了许多投机机会。当时人们的热情高涨，就是现在生活在华尔街的人也望尘莫及。

城市里有资本、有远见和有事业心的人们低价购买了证券。尤其是纽约和费城的民众简直就是国会肚子里的蛔虫，什么信息都能预先知道。亚历山大·汉密尔顿的追随者们也大胆加入这场投机活动。有人认为君主主义者们像稻草人一样虚张声势。后来，支持亚历山大·汉密尔顿的人获得了巨额财富，赢得了政治权力和社会影响力。杰斐逊等人感到既震惊又恐惧。他们指控亚历山大·汉密尔顿利用财政部长的职位，为他人提供牟取暴利的机会，让更多的人追随自己。

短短几个月的时间内，亚历山大·汉密尔顿利用庞大的金融体系将美国从濒临破产的不景气状态变成了偿付能力较强、信誉良好的国家。杰斐逊用怀疑的眼光看着这一切，认为这样的金融体系就像一台巨大、复杂而高效的机器，正在生产国内最危险的贵族政党。

杰斐逊讨厌军事机构，憎恶政府权力。他认为所有税收应该留给各州，取消消费税。从杰斐逊给国家银行的建议中也看不出他对银行有半点好感。亚历山大·汉密尔顿准备通过政治手段推行财政政策，得到了大家的充分赞赏。财政部再也不会说自己难以支撑，联邦的存在已岌岌可危了。《银行法案》首先要合法，而且要从长远着眼。由于存在是否合法的问题，通过该法案困难重重。乔治·华盛顿向内阁官员们征求书面意见。亚历山大·汉密尔顿以国内一篇著名的文章为论据来支持该法案。杰斐逊则从另一方面入手，强有力地论证只有自己能理解的法律问题。乔治·华盛顿瞻前顾后，最终决定签署该法案。乔治·华盛顿总是不愿干涉各位部长的工作。如果总统违宪了，最高法院可予以纠正。法庭上，首席大法官约翰·马歇尔①发表了自己的观点，对亚历山大·汉密尔顿的论证没做任何补充，证实了银行的合宪性。法庭拒绝采纳杰斐逊的观点，牵强附会地解决了纯粹的法律问题。该问题的关键是从严解释宪法还是从宽解释宪法。杰斐逊认为应该从严解释宪法。不少人支持杰斐逊的观点。

杰斐逊只想到了该法案的合法性、合宪性问题及其政治意义，并没有考虑到它与国家财政、商业还有千丝万缕的联系。《银行法案》签署后，黄金和白银禁止流通，纸币一统天下。杰斐逊认为这种做法有百害而无一利，马上发表了自己的看法，讲了不少荒谬的废话。资本家们争先恐后地认购股份。他们的认购远远超过了股本。杰斐逊开始担忧货币问题，闷闷不乐地给詹姆斯·门罗写信说："我们每年将以八百万美元纸币中的百分之十三作为流通代价，若用金银，则可免去这笔费用。其中百分之七被认购者以利润方式拿去，百分之六为公共费用。纸币流通后，有六万纸币或两百万硬币作为特别存款，不能被提取，令人难以相信。人们为了寻求安全保护而存入银行的现金可能满足现金流通需求。"杰斐逊不知道银行的特别存款是违法的。显而易见，他不懂金融。

银行无论是否合宪，都能为国家带来巨大的利益。杰斐逊认为银行就像是一台多产的机器，也能制造出更多腐败分子支持那些危险而又有预谋的君主主义者。杰斐逊将亚历山大·汉密尔顿等人称为"财政党"，变本加厉地指责他们，一生也没改变过对他们的看法。1818年，杰斐逊在《语录》的前言中写道："亚历山大·汉密尔顿是君主主义者。他的目的是建立腐败的君主政体。"杰斐逊说，银行变成"影响力持久的

---

① 约翰·马歇尔（1755—1835），美国政治家、法学家，曾任美国众议院议员、美国国务卿和美国首席大法官，曾判决著名的马伯里诉麦迪逊案，奠定了美国法院对国会法律的司法审查权的基础。——译者注

《银行法案》会议上的乔治·华盛顿

约翰·马歇尔

生产腐败的机器",腐蚀了立法机构,对财政系统的影响也超出了人们的想象。杰斐逊认为,参议院和众议院的议员们不仅经常被当作"董事",根据该机构首脑的意愿投票,而且要和"股东们"一起谋划怎样可以让联邦党的得票占绝对优势。1793年3月3日,国会讨论威廉·贾尔斯[①]谴责亚历山大·汉密尔顿的著名决议。杰斐逊写道:"组成众议院的成员比较复杂,有银行董事、银行股票持有人、股票经纪人、盲目投资者。有些人很无知,还有一些人又懒又幽默,不愿意谴责别人。有人预测,银行董事、银行股票持有人、股票经纪人占了众议院议员的三分之一。盲目投资者、无知的人、懒人又占了剩余人数的一半。"杰斐逊指出,反联邦党对亚历山大·汉密尔顿的指控无中生有,不太光彩,最终将以失败而告终。杰斐逊认为《银行法案》的实施让人感到遗憾,也令人悲伤,对其中的错误深表同情。

　　大规模的投机活动结束后,杰斐逊开始担心国债。杰斐逊认为,亚历山大·汉密尔顿一派想巧妙而隐蔽地使用国债来永久性地腐化立法机构。一部分国债到期已好几年了,还没有兑现。杰斐逊认为,亚历山大·汉密尔顿打算永远不让民众来兑现国债。他说,每个人都在观望,害怕"财政部的胆小鬼"和他们的"阴谋诡计","买了国债的人认为国债对公众是好事,越久越好,希望这笔债越来越多,让政府永远也还不清。"亚历山大·汉密尔顿提出了短期内促进还债的计划,但杰斐逊仍然怀疑他。杰斐逊绝不相信亚历山大·汉密尔顿在政治上能做出一件诚实的事来,对他的偏见根深蒂固。

　　乔治·华盛顿总统密切关注着部长们,发现他们互不信任,已经组建了敌对的政党。乔治·华盛顿是全国人民的总统,决不与任何党派往

[①] 威廉·贾尔斯(1762—1830),美国民主共和党成员,美国第二届和第三届国会议员,曾任弗吉尼亚州州长。——译者注

来。对立党派的领导人争论不休，不断相互指责、互相抱怨，乔治·华盛顿不能充耳不闻。1792年5月23日，杰斐逊给乔治·华盛顿写了一封长信，探讨了两党争斗这个"令人焦虑的问题"。因为两党争斗与整个国家事务息息相关，"搅"得大家不得安宁。杰斐逊说，新形势下增加国债不可避免，但国债多得无法偿还，这是"人为地将债务人和债权人账户的全部金额相加而造成的。"国家资金被挥霍无度，产生了"许多腐败分子，他们把持了立法机关"大有"摆脱宪法限制的意向。""他们的最终目的是为共和政体到君主制的转变做好准备。"杰斐逊认为，"腐败的立法机关"将成为"国王、贵族、公爵和平民的产生地，成为任人操纵的工具。"债务人在南方，债权人在北方。这种分配上的不均衡使联邦面临解散的危险。杰斐逊深信，只有乔治·华盛顿继续执政，才能避免这种危险。杰斐逊将反对总统连任的理由搁置一边，恳求乔治·华盛顿不要退休。一有机会，杰斐逊就反复说这件令人担忧的事。1792年7月10日，杰斐逊力劝乔治·华盛顿，说："没必要再增加国债，因为它不断腐蚀立法机关。参议院和众议院还有相当一部分人投票支持纸币和股票经纪人的利益。审查这些人的投票时发现，他们对财政部每一项措施的意见都是一致的。这些措施大多数是由少数人制定，然后由多数人投票通过的。"

1792年2月至3月，杰斐逊曾告诉乔治·华盛顿，财政部惹得人们怨声载道：

> 这种金融体系不用真金白银，而是用纸币来哄骗各州。民众不再热衷于商业、制造业、建筑业和其他各种实用的工业，而带着他们的资金都卷入一场赌博，败坏了道德，并将不正之风带进了政府。事实上，法律正在审议的时候，某些议

员借机大赚一笔，然后投票支持法律……议员们的提议和以前大不相同。许多人都开始关注议员们的提议，因为这些提议让我们知道自己生活在有限制的政府还是没有限制的政府之下。

杰斐逊就亚历山大·汉密尔顿关于制造业的报告发表看法。"这份报告打着奖励某些制造业的旗号"，旨在掌控国会，控制社会福利、货币使用等一切事务。1792年10月1日，杰斐逊向乔治·华盛顿报告：

> 民众是可靠的，许多派系中有君主政体的意图，财政部长就是其中之一。我曾听亚历山大·汉密尔顿说过，宪法软弱无力，不甚完善，还需改进。我回想亚历山大·汉密尔顿在议会会议中曾力主设立英式宪法，没能成功。亚历山大·汉密尔顿的所有措施都殊途同归。有些措施引起了立法机构的腐败。许多议员对这位财政部长百依百顺，叫他们往东，他们绝对不敢向西。看到这些现象，我们心中自然不舒服。

1793年2月7日，杰斐逊再次表示："国会中有不少议员对财政部言听计从。"他们投票时本应忠诚于选民，但他们并没有这样做，致使制定的法律违背了民众的本意，引起了南方的不满。

除亚历山大·汉密尔顿外，杰斐逊很少攻击别人。1791年5月8日，他却借别的事情狠狠地攻击了约翰·亚当斯。杰斐逊说："恐怕是印刷工粗心大意将内容印错了，致使我攻击了约翰·亚当斯。他是我诚实、无私的朋友。长期以来，我们都信奉共和，观点一致。我对他更是尊敬有加。即使他改变信仰，去追随世袭君主制和贵族制度，我们的友谊仍在。"杰斐逊对乔治·华盛顿这样说，对其他人也这样说。早在1791

第 9 章 反对君主政体及同联邦党人论战

年 2 月 4 日，杰斐逊写信给乔治·梅森上校①，说："我们中间有些人相信英国宪法包含了最完美的制度。他们都是有头有脸的人，在民众中地位很高。"1791 年 7 月 29 日，杰斐逊在写给托马斯·潘恩的信中提到，"这里有一派人，名声很大，人数不多"，错误地认为人们正在"皈依"有国王、贵族和平民之分的"君主政体"。杰斐逊又很有礼貌地补充道，这种错误已"得到制止"。随着托马斯·潘恩《人权》的出版，人们都"回过头来信奉共和。"1792 年 6 月 16 日，杰斐逊写信给拉法耶特侯爵吉尔伯特·德·莫蒂说："我们中间有一派人，宣称支持新宪法，不是因为新宪法本身有多好，而是新宪法和英国宪法非常接近，在他们眼中很完美……好多股票经纪人和宣扬君主政体的人进入了我们的立法机构，影响了不少议员。"面对众多繁杂事务，杰斐逊恐慌过、焦虑过，觉得肩上的担子很重。杰斐逊真诚地热爱自己的国家，有坚定的信仰，发现民众也在追求共和，顿时倍受鼓舞。杰斐逊的信仰得了广大民众的支持，遭到了冠冕堂皇的政治家和上流社会的反对。杰斐逊总会抓住时机摆脱不利因素。如果他发现某种思潮意义深远，与自己的追求一致，符合自己的期望，就会精神焕发，期待着这些思潮在不久的将来能够影响国家的发展。杰斐逊有深刻的政治洞察力。他认为，民众参与政治、建立自由政体是大势所趋。上流社会的人们都佩服亚历山大·汉密尔顿的政治才能。杰斐逊信心十足地认为，只要像自己这样能干的人运筹帷幄，广大民众就能以绝对的优势战胜那个只有少数人组成的小团体。

杰斐逊信任民众，坚定地认为他们是不可战胜的力量，而且坚信这种力量完全可以发挥出来。杰斐逊认为，民众有足够的智慧做出分辨，会选择像自己和詹姆斯·麦迪逊这样诚实、能干的人主持国家事务。杰

---

① 乔治·梅森（1725—1792），美国政治家，1787 年成为美国制宪会议代表，撰写《弗吉尼亚权利宣言》，被认为是《美国权利法案》之父。——译者注

斐逊认为，在最理想的政体中，人们会发现自己的贫乏和无知，崇尚高贵的品质和杰出的智慧。当时，贫乏、无知的民众参与政治的确有点不可思议，但杰斐逊坚持认为他们谦逊质朴，懂得自我克制。杰斐逊想当然地认为民众总是好的，这是值得称颂的地方。自杰斐逊的学说形成以来，实际上没有多少人发生令人满意的变化。杰斐逊也不可能改变民众。杰斐逊所设想的民主政体中，民众会选择最优秀的人来管理国家。如果期望无法实现，杰斐逊无疑会失望而愤慨地放弃自己的观点。这只是一种推测，不知正确与否。至少有一点可以确定，民主政治并未像杰斐逊所期望的那样发展。杰斐逊如果能看到后来几代人努力的结果，一定会大为震惊。

按当时的习俗，高级官员在报纸上交流政治观点时必须匿名。这种习惯有利有弊。它会使人与人之间相互怀疑、怨恨甚至敌对起来。杰斐逊与约翰·亚当斯之间的误会就源于此。当时杰斐逊犯了一个荒唐的错误。

约翰·亚当斯的《达维拉的演讲》现在读起来有点乏味，当时有民主倾向的读者们对它厌恶至极，因为书中言辞激烈地批评托马斯·潘恩的《人权》。说来也巧，《人权》在美国"唯一的副本"传到了杰斐逊手中。杰斐逊读完后"寄给了乔纳森·贝亚德·史密斯，让他的弟弟去重印。"杰斐逊说："我不认识乔纳森·贝亚德·史密斯。我写了一封信，向他解释为什么我这个陌生人寄给他一本小册子。我告诉他，我很希望这本书能够被重印，并要求他在重印时把那些枯燥的笔记部分去掉。我们终于可以公开反对政治异端邪说了。"这位印刷工居然将那份笔记附在了书的最前面。杰斐逊看后大吃一惊。联邦党的作家们立刻像一群黄蜂似的对托马斯·潘恩进行口诛笔伐。一位叫"爱民者"的人还对托马斯·潘恩进行尖刻的讽刺。杰斐逊急忙给约翰·亚当斯先生家写了两封信解释，希望不要争吵，要与那愤愤不平、略显蔑视之意而又搬

讽刺漫画：托马斯·潘恩拿着卷轴，上面写着"人权"，体现了他反对"君主政体"的本质

弄是非的"爱民者"对话。杰斐逊根本没有想到，自己写了这么多表达和平意向的信，这位"爱民者"居然是约翰·昆西·亚当斯——约翰·亚当斯引以为豪的儿子。这就是匿名在报纸发文章这种可怕的习惯带来的危险。

更严重的是当时的《国家公报》也参与这场风波、制造麻烦。杰斐逊任国务卿不久，詹姆斯·麦迪逊写信推荐菲利普·弗瑞诺作书记员。菲利普·弗瑞诺是民主主义者中的三流作家，诗写得也不怎么好。当时杰斐逊没有空缺的职位，后来需要一个"外语书记员"，工资为"每年二百五十美元"。工资这么少，也是为了让其他在职的书记员们安心地工作。杰斐逊亲切地给菲利普·弗瑞诺写信，给予他这并不起眼的职位。没想到这件小事却引起了一场没完没了的麻烦。这位收入低微的外语书记员为了维持生计，又找了一份兼职，在《国家公报》任编辑。更凑巧的是，菲利普·弗瑞诺先生对自己部门的领导特别信任，对财政部十分反感。

《芬诺公报》是为财政部代言的报纸，无人与之匹敌。新的《国家公报》却以莫大的勇气和进取精神，用不太文明的语言指控财政部，积极地支持国务院。菲利普·弗瑞诺不但信念坚定，而且笔锋犀利。亚历山大·汉密尔顿和他的同党很快在菲利普·弗瑞诺的攻击下退缩了。亚历山大·汉密尔顿及其同党认为菲利普·弗瑞诺无足轻重，根本犯不着为他生气，国务卿才是此事的幕后操作者，是他们真正指控的对象。他们说，杰斐逊十分阴险，将所在部门的材料和信息提供给了那愤愤不平、下流不堪的文章作者，并发布在了报纸上。杰斐逊的同事不怀好意，不计后果地对别人恶意中伤。杰斐逊要对乔治·华盛顿总统负责，要对一切发生的事情负责。杰斐逊怒不可遏地驳斥了这些指责，表明自己与《国家公报》没有任何直接或间接的关系。同时，杰斐逊开诚布公地说，《芬诺公报》上刊登的文章非常出色。杰斐逊既没有开除菲利普·弗瑞诺也

约翰·昆西·亚当斯

菲利普·弗瑞诺

第9章 反对君主政体及同联邦党人论战

没有责备他。一场指责过后，人们想当然地认为杰斐逊应该有所举动，没想到他却无动于衷。杰斐逊明确表示，自己完全没有干涉过那篇文章，如果要干涉，以自己的足智多谋，肯定会阻止文章作者攻击乔治·华盛顿。这篇文章旗帜鲜明地支持杰斐逊的观点。杰斐逊也称赞过这篇文章。不能轻易地说杰斐逊在这件事上做错了。菲利普·弗瑞诺或许无意间从杰斐逊那儿获得了灵感，用无限巧妙的语言写了那篇文章。让杰斐逊为该员工在编辑部所做的工作负责，那就太过分了。后来人们讨论，写了文章的职员就在杰斐逊的部门中，整天指责国家政策，恶语中伤内阁成员，杰斐逊是有意让他留在自己身边。这也反映出在当时特定的环境下，杰斐逊与同事们之间的关系。

  1792年8月，亚历山大·汉密尔顿怒不可遏，亲自参与了论战。他化名"一个美国人"，突然出招，就像侏儒中的巨人，让众人震惊。虽然亚历山大·汉密尔顿没有直接表明身份，但谁都知道那可怕的攻击出自谁手。亚历山大·汉密尔顿的第一篇文章猛烈抨击杰斐逊没有开除菲利普·弗瑞诺，还继续和他保持联系。接着，亚历山大·汉密尔顿又指控杰斐逊对宪法和政府不忠。杰斐逊看到这猛烈的攻击后无动于衷，什么也没说。菲利普·弗瑞诺写文章明确表示，自己写文章时根本没有和杰斐逊沟通过，杰斐逊不知道这件事，从来没有写过、也没有讲过文章中的只言片语。亚历山大·汉密尔顿轻蔑地表示，除了杰斐逊外，别的对手都不配和自己交手。盛怒之下，亚历山大·汉密尔顿写的文章论点明确，铿锵有力。维护国务卿的人也不少。亚历山大·汉密尔顿论战伊始，就不得不和一群小打小闹者交锋。他对这些人的攻击也满不在乎。杰斐逊极其谨慎，不愿卷入激烈的论战。

  看到这场突如其来的论战，乔治·华盛顿极为恼怒。这位品德高尚的总统很伤心也很失望。他努力地消除两派之间的分歧，去填平这历史以来就有的沟壑。乔治·华盛顿以个人名义分别给杰斐逊和亚历山大·汉密尔顿写信，劝他们团结一致，以国家利益为重。在回复总统的信中，他俩对乔治·华盛顿彬彬有礼、体贴入微。同时也可以看出，他们的思想完全相悖，不可能和谐共处。亚历山大·汉密尔顿为自己的所作所为辩护，表示必须面对这场冲突，尽量不再卷入其中。杰斐逊也有理有据地为自己和所在的党派辩护，指责联邦党人及其政策。

杰斐逊曾说，他"进入政府时，决心不干涉立法机关，尽可能不干涉各部门的工作"。杰斐逊一丝不苟地遵守着这一明智的决定。每当回忆起自己曾参与了战时债务承担法案时，杰斐逊总是显得很痛苦。"我上了财政部长的当，当时完全不知道自己成了亚历山大·汉密尔顿推行计划的工具。在政治生涯中，我犯过许多错误，每当想起此事，就后悔不已。"杰斐逊承认，他不同意亚历山大·汉密尔顿的政策。因为"这位财政部长通过自己的部门影响立法机构，反对自由，处心积虑地破坏共和。"杰斐逊指责国会中的"腐败队伍"，他们听命于亚历山大·汉密尔顿，通过投票改变形势。亚历山大·汉密尔顿操纵着他们"一步一步地破坏了宪法的原则，还宣称宪法无足轻重。"杰斐逊始终约束自己不去干涉财政部的工作，没想到亚历山大·汉密尔顿不但不思回报，反而伸出手来干涉外交事务，支持英国敌视法兰西王国，完全与自己背道而驰，也有悖于乔治·华盛顿的意愿。随后，杰斐逊开始关注亚历山大·汉密尔顿化名"一个美国人"在《芬诺公报》上对自己的攻击。杰斐逊承认自己反对过宪法，但后来的宪法修正案正好说明对宪法的批评是正确的。如果说杰斐逊比亚历山大·汉密尔顿更反对宪法，说杰斐逊不忠于宪法，纯粹是无稽之谈。亚历山大·汉密尔顿之所以对宪法不满，是因为"其中没有国王，也没有英国式的上议院"。杰斐逊认为，亚历山大·汉密尔顿希望国债"永远不要偿还，以此腐化和操纵立法机构"，而杰斐逊则希望"明天就能兑现"。杰斐逊喋喋不休地批评腐败问题："财政部上百名职员及上千名收税官中，不知有多少是亚历山大·汉密尔顿的

第9章 反对君主政体及同联邦党人论战

子侄、亲戚;不知有多少是参议员、众议员、印刷工人的亲戚朋友;不知有多少追随亚历山大·汉密尔顿的党派主义者。这些人都是在得到亚历山大·汉密尔顿的默许后才进入财政部的。亚历山大·汉密尔顿像洗纸牌一样,将数百万的钱倒来倒去。将纸币换成金银,又将金银换成纸币,从美国倒到欧洲,又从欧洲倒到美国,在适当的时间,以自己喜欢的方式与朋友们秘密交易。亚历山大·汉密尔顿想方设法运用手段,抓住任何机会结交朋友。谁也想不到,亚历山大·汉密尔顿指控我的理由竟然是因为我以二百五十美元的年薪安排诗人菲利普·弗瑞诺做外语书记员。"杰斐逊讲述了菲利普·弗瑞诺文章的来龙去脉,表明自己刚开

任国务卿期间的杰斐逊

始并不知道这篇文章。至于后来的事情，杰斐逊坚定地说："我对天发誓，我从未发表过只言片语的观点，从来没企图它能产生任何影响。我自己没写过、也未口授过任何内容，也未间接地指示别人这样做过。我在报纸上所写的文章都有署名。我绝不会借别人的文章来表达自己的观点。""当我来这儿任职时，我就下定决心要尽快体面地退休。最好的时机莫过于宪法进行周期性修订或公务员更新时。对我来说，退休还为时尚早……我像一个饱经风霜的水手，最终看到了陆地，渴望停船靠岸的那一刻。我看到了自己退休的那一天，从现在到退休这段时间里只能度日如年。"杰斐逊说自己"完全无视所任职位带来的荣耀和酬金"，真正珍视的是"同胞们尊重我，并认为尊重我是理所当然的事情"。杰斐逊"不想在退休时受到别人的诽谤。历史将会证明，制造诽谤的人曾炮制阴谋反对自由，全然不顾生他养他、为他带来了无数荣誉的国家"。杰斐逊在一封信中曾含沙射影地说，民众并不认为他是"共和国的敌人""反对共和国的阴谋家"，也不认为他"浪费了国家的税收""为了腐败而出卖了灵魂"。这封信写得有声有色，可以和著名的演讲词相媲美。信中的论点扑朔迷离，谴责时气势磅礴，抨击时尖酸刻薄，巧妙而真诚地将事实与传言交织在一起，义正辞严的抗议中不乏勇气和哀叹。信中包含了一些话特别实在，写得很真诚。乔治·华盛顿并未对亚历山大·汉密尔顿失去信心。乔治·华盛顿明白，双方都有很大的让步空间，而且双方都认为对方存心不良，和解的希望很渺茫。多年以后，杰斐逊说，历史证明他的对手与众不同，历史也会嘲弄亚历山大·汉密尔顿，国家养育了他，他却反对自由的国家。

联邦主义历史学家们不认同信中的观点，认为杰斐逊总是疑神疑鬼，与亚历山大·汉密尔顿争论不休。他们说，部长们的私人通信可以证明亚历山大·汉密尔顿并没有诋毁杰斐逊。亚历山大·汉密尔顿不想费尽心机地写一封信去攻击别人并为自己辩解，但杰斐逊这样做了。杰

第9章 反对君主政体及同联邦党人论战

斐逊和亚历山大·汉密尔顿在争论时都不知道对方要做什么,这样倒也公平。联邦主义者们争论的真正原因或许是亚历山大·汉密尔顿对杰斐逊气势磅礴的文章束手无策。亚历山大·汉密尔顿和杰斐逊的长期斗争中,亚历山大·汉密尔顿的追随者们说杰斐逊阴险恐怖,常暗中诽谤和中伤别人,自己要承担风险时总会让部下出手。他们眼中的杰斐逊是一个可鄙而怯懦的人。这种说法若无事实根据,就有点夸大其词。亚历山大·汉密尔顿天生争强好胜、热情奔放、目空一切、自信十足,随时准备着和别人一较高下。虽胜负各半,但他并不悲观。杰斐逊倒像是一位平民中的教友派信徒,不愿与别人争论,也不想在报纸上发文章与别人展开论战。批评杰斐逊的人认为,杰斐逊不想表明政治观点,却在晚饭后和朋友谈论政治;不愿为报纸写政治文章,却在信中表达政治观点。杰斐逊情感真挚,不会在公开场合与任何人和解,更不会私下里诋毁别人。正是遵循这些原则,杰斐逊才会在谈话中或信中公开谈论其他公众人物和各种时事。

财政部门主管国家债务的清算,规定支付条款,负责建立银行和造币场,确定关税,组织税收。这些都是政府的主要业务。遇到亚历山大·汉密尔顿,杰斐逊不可能有任何成功的希望。即使亚历山大·汉密尔顿的财政政策不太健全,杰斐逊对金融知识知之不多,也挑不出什么毛病。亚历山大·汉密尔顿身居要职,管理得当,令人羡慕,影响力巨大,威望很高。杰斐逊完全有理由抱怨亚历山大·汉密尔顿越权行事。亚历山大·汉密尔顿情不自禁地认为自己在全国的地位至高无上,习惯于制定政策,并坚定不移地执行所制定的政策。杰斐逊的愤怒和沮丧并不奇怪,因为对金融领域不熟悉,同时,他不对放弃与亚历山大·汉密尔顿的斗争。若要稳操胜券,杰斐逊就得将斗争转移到施展自己才能的领域。幸运的是,这种转变正在迅速向前推进。亚历山大·汉密尔顿的反对者们从多次失败中吸取了深刻教训,更加团结一致,普遍承认杰斐逊就是他们的领袖。国内政策已不是人们关注的焦点，美国的外交关系变得越来越重要。面对新问题，杰斐逊和追随者们重新振作起来。他们最初被消极地称为"反联邦主义者"，后来成了有组织的政党，名称也很响亮。他们视君主政体为异端，自称"共和党人"表示忠诚于宪法。共和党人信奉民主。一部分共和党人称自己的政党为"民主共和党"。后来，共和党人觉得"民主"和"共和"放在一起不太恰当，故删去了"共和"二字。

第10章

美国中立与法兰西特使的阴谋

精彩看点

法兰西大革命——国内政治形式——美国的中立——法兰西特使埃德蒙·查尔斯·热内——英国出现了破产——热内的真实意图——偿还法兰西债务——财政部长越权行事——党内的狂热分子——盼望着退休——自相矛盾的指责

法兰西大革命的风暴在大西洋上空咆哮着。消息传到美国后，共和党人顿时扬眉吐气，觉得终于有了出头之日。法兰西大革命的剧变掀起了美国政治上的波澜。在法兰西大革命早期，美国人民全体一致，强烈支持法兰西大革命。随着事态的发展，面对无政府状态、流血事件和长期对峙，天性保守的美国人又本能地开始怀疑法兰西大革命。亚历山大·汉密尔顿和联邦主义者认为法兰西共和国[①]和美国并非姐妹共和国。法兰西小说中不忠的妻子像是新英格兰的清教徒主妇。法兰西的共和主义和美国的共和主义没有什么相似之处。杰斐逊坚定不移地支持法兰西人民的事业。无论法兰西人多么糟糕多么卑微，杰斐逊都热爱那片土地，对法兰西共和国的热情不亚于自己的祖国。读完从法兰西共和国寄来的信后，杰斐逊认为君主制度非常可怕，是人类社会极大的不幸。他表现出由衷的厌恶之情。法兰西摧枯拉朽的革命风暴并没有让杰斐逊感到震惊，因为只有摧枯拉朽的革命风暴才能将"充满罪恶的空气"过滤干净。法兰西革命经历"九月大屠杀"后，美国人对法兰西革命者依旧充满善意，称赞拉法耶特侯爵吉尔伯特·德·莫蒂和乔治·雅克·丹东带领吉伦特派推翻了君主体制，同时对推翻吉伦特派的雅各宾派拍手叫好。

[①] 1792年9月22日，法兰西共和国成立。——译者注

罗伯斯庇尔（左）、乔治·雅克·丹东（中）和马拉（右）

吉伦特派倒台

法兰西共和国向英国宣战后,美国人对法兰西大革命的热情空前高涨,支持法兰西大革命的浪潮势不可挡。亚历山大·汉密尔顿和他追随者们既惊恐又不情愿,不安地看着这位声名鹊起的国务卿依靠的力量稳操胜券。杰斐逊自然很满意,认为自己总能把握住政治态势。亚历山大·汉密尔顿掌握着国家的情报和金融系统,集结了庞大的政治追随者队伍,政党实力空前强大。杰斐逊对民众充满信心,知道有无数的民众支持自己。他们虽然受教育程度不高,但人数众多。有了民众的支持,杰斐逊便可在斗争中战胜联邦主义者。联邦主义者们虽受过良好教育,可终归是少数。杰斐逊的判断完全正确。安德鲁·杰克逊①的智慧远不及杰斐逊,但他同样坚定地相信民众,后来在民众的

安德鲁·杰克逊

---

① 安德鲁·杰克逊(1767—1845),美国民主共和党创建者之一,首任佛罗里达州州长,第七任美国总统,美国"杰克逊式民主"因他而得名。——译者注

第10章 美国中立与法兰西特使的阴谋

支持下,以一种更加盲目的方式,取得了和杰斐逊一样的胜利。国内政治上的惨淡时期过后,人们开始关注国外政治。共和党人的领袖杰斐逊终于有望在政治上取得优势。如果充盈着那个时代的只是一种谨慎的高卢热,而不是盲目的狂热,那么杰斐逊有可能在约翰·亚当斯之前成为美国第二任总统。

1793年4月4日,法兰西共和国向英国宣战的消息传到美国。五天后,法兰西共和国特使埃德蒙·查尔斯·热内[①]到达查尔斯顿。这两件事掀起了美国的政治风暴,使政府陷入了焦虑。美国政府希望保持中

埃德蒙·查尔斯·热内

---

① 埃德蒙·查尔斯·热内(1763—1834),法兰西大革命期间担任法兰西驻美国大使,曾试图将美国拉入战争,从而使法美关系变得紧张。——译者注

立,但由于诸多原因,做到绝对中立异常困难。首先,美国与法兰西共和国的条约义务纠缠不清。根据与法兰西王国的条约,在任何战争中,美国必须保证为法兰西王国保护好西印度群岛。法兰西共和国向英国宣战,性质是不是防御性的?这很必要商榷。此条约是与君主体制下的政府签订的,对后来的政府是否具有约束力也值得怀疑。其次,不管美国是否有中立的权利,两个参战国都明确要求美国不要中立。他们都认为,如果美国不和自己站在一起,就是反对自己。再次,埃德蒙·查尔斯·热内抓住机会肆无忌惮去实现他蓄谋已久的目的,想尽办法将美国拖入法兰西共和国与英国的战争。第四,真正中立的美国人并不多。亚历山大·汉密尔顿支持英国,杰斐逊支持法兰西共和国。让人感到奇怪的是,当时美国人和所有的欧洲人一样,革命的激情已变成好战的狂热。

《中立宣言》必须先由内阁会议决定,然后由总统签署才能正式生效。杰斐逊提议"中立"一词不能在宣言中出现,中立的真实意图也不能对外公开。杰斐逊认为最好不要正式宣布中立,这样参战的两个强国"都认为我们有价值,而竞相争取我们的支持。我们就可以提出自己的条件,理所当然地和他们讨价还价,获得中立国家最广泛的特权"。杰斐逊的政策没有被完全采纳,还受到了别人的批评。中立的声明最终发出去了,杰斐逊很不高兴。起草声明的重任由国会承担,却让性格温和的司法部长埃德蒙·伦道夫起草。杰斐逊感到十分懊恼。内阁投票中,亨利·诺克斯总是给亚历山大·汉密尔顿投票。埃德蒙·伦道夫经常很不情愿地把票投给杰斐逊,激怒了亚历山大·汉密尔顿。埃德蒙·伦道夫像一个游击队员,某种程度上对亚历山大·汉密尔顿比较忠诚,但亚历山大·汉密尔顿并没有因此而感谢他。杰斐逊说:"在原则性问题上,埃德蒙·伦道夫总是尽量与我的观点保持一致,但最后却倒向别人的观点。"埃德蒙·伦道夫是身在曹营心在汉,首鼠两端,两面讨好。受他轻视的法兰西人和共和党人都视他为朋友,而他所倚重的联邦党人却

第10章 美国中立与法兰西特使的阴谋

把他当作敌人。"实际上,埃德蒙·伦道夫是一个头脑清晰、心平气静的人,精通国际法,一直担任总检察长。杰斐逊很不满意地给詹姆斯·麦迪逊写信,说:"你一定能从优柔寡断的语言判断出《中立宣言》出自何人之手。显而易见,起草宣言之人生怕别人看出自己的想法,尽量避免灾祸。这种低劣的恐惧恰恰在引祸上身。如果政府没有尊重民意,那么我们的选民也许会站出来表达自己的想法。"

埃德蒙·查尔斯·热内在查尔斯顿派出了武装民船,雇用了军官,在美国海域肆意攻击并抢掠英国船只。他来美国时所乘的船上装满了战利品。后来他得以面见乔治·华盛顿总统。虽然埃德蒙·查尔斯·热内做了这些出格的事情,但在缓慢北去的路上,民众欢欣鼓舞,表达了对法兰西共和国的无限热情。费城的市民们设宴接待他,在宴会上唱《马赛曲》,到处传递红色的自由帽,互相称对方为"公民"。杰斐逊很明智,从不参加这些活动,只在一旁观察,不反对也不支持。杰斐逊十分厌恶亚历山大·汉密尔顿和支持英国的联邦党。除了"君主主义者"和"独裁主义者"之外,杰斐逊又用"亲英分子"和"盎格鲁人"来指责联邦党人。杰斐逊高兴地对詹姆斯·门罗说:"法兰西伏兵占领英国的画眉山庄,美国民众在特拉华州呼唤着向法兰西致敬,却遭到抓捕,这是对国际法的公然挑衅。希望我们能够将民众的情绪控制在中立的范围之内。如果我们拒绝英国人的任何要求,亚历山大·汉密尔顿将惊慌失措,立即采取惯用的卑鄙做法。我们在议会中哪怕是偷偷进行中立,对方都会寸步不让,和我们拼个你死我活。联邦党和共和党投票的结果一般不相上下。"杰斐逊满足地说,英国已经出现了大量的破产现象,"最新消息表明,他们的破产总额已达到了一千一百万英镑,而且还在上升。"杰斐逊一直厌恶反对法兰西共和国的人。1792年12月5日,杰斐逊洋洋得意地写道:"我们刚刚接到令人振奋的消息,普鲁士军队被迫撤退,等待他们的将是灾难。听到这一消息,独裁主义者们会面有难色,我们

早期的查尔斯顿

埃德蒙·查尔斯·热内前往费城总统府

伟大的民众将感到由衷的喜悦。"1793年6月28日，杰斐逊很自信地进行预测，说："英国的破产将会继续，直到金融彻底崩溃。"杰斐逊说，英国"也在发行国库券……法兰西共和国的纸券是以土地为基础的，而英国的纸券却依赖针、线、纽扣、啤酒花以及以国库估价两倍的价格典当的物品。五百万件这样的物品在伦敦市场上被迫出售，没有现金，也不会有存储利息。"

法兰西共和国的任何举动都不会让杰斐逊震惊，也不会削弱他的信仰。1792年12月19日，杰斐逊写道，共和党正在"自称雅各宾派，两个月前，这个称号对他们来说还是一种耻辱。"几天后，杰斐逊就恶名昭彰的法兰西大屠杀发表看法，尽管"有罪的人未经审判就被杀了，还殃及一些无辜之人"，但"斗争"是"必要的"。杰斐逊说："我听到此事深感遗憾。有些人的死亡将使我在有生之年难以忘怀。若他们在战斗中阵亡，我将以应有的方式致以哀悼。依靠民众的力量虽然有点盲目，但不像子弹和炸弹那样不长眼睛。那些革命烈士为了革命事业而献身，我心中悲痛欲绝。革命不会失败，我也不会看到地球上的一半地方会荒无人烟。每个国家若只剩下自由自在的亚当和夏娃，就不可能过上比现在更好的生活。"

无奈之余，杰斐逊给法兰西公使写信，指出法兰西共和国非法占领了画眉山庄，必须归还。此外，杰斐逊还要制止狂热分子埃德蒙·查尔斯·热内的其他活动。这些事做起来令人乏味，但杰斐逊还是非常出色地完成了任务。当有人无法无天地侮辱一个中立国家时，杰斐逊却不能正面表示愤慨。杰斐逊不得不给埃德蒙·查尔斯·热内写信，信中提到了购置装备武装民船，以及派遣武装民船攻击英国船只所引起的后果。杰斐逊一直使用毫无感情色彩的语言给埃德蒙·查尔斯·热内写信，好像在写国际法方面的论文。

埃德蒙·查尔斯·热内回信表达了对杰斐逊的信任。杰斐逊又写信

第10章 美国中立与法兰西特使的阴谋

给詹姆斯·麦迪逊:"埃德蒙·查尔斯·热内充满革命热情。他的使命任重道远……他并无所求。"弗吉尼亚邮政系统行动缓慢,这封信还没有送到詹姆斯·麦迪逊手中,杰斐逊的说法就变了。因为埃德蒙·查尔斯·热内的实际行动表明,他并非来做什么贡献,而是真有所图。埃德蒙·查尔斯·热内真正的使命是利用美国的一切资源援助法兰西共和国。美国已中立,但埃德蒙·查尔斯·热内要将美国的港口变成反对英国的海军基地。他在美国港口非法武装民船,在美国公民中雇佣大量海军、陆军,让他们参与战争。埃德蒙·查尔斯·热内大胆妄为,在美国设立海事法庭,授予法兰西共和国的领事权力,通过审判确立武装民船俘获战利品的合法性。杰斐逊不得不告诫埃德蒙·查尔斯·热内,美国无法容忍他的所作所为。杰斐逊由衷地厌恶埃德蒙·查尔斯·热内的做法,但写信时仍然心平气和,用铿锵有力的语气将事情说得清清楚楚。杰斐

埃德蒙·查尔斯·热内雇用的武装民船袭击英国船

逊不时地抓住机会，在内阁中提出与法兰西共和国有关的其他议题。例如，法兰西政府提出了一项紧迫的要求，美国得向法兰西偿还独立战争后期欠下的债务。还债的时机已经成熟，法兰西共和国急需援助。1792年10月，杰斐逊给时任法兰西公使的古弗尼尔·莫里斯写信，说债务偿还必须暂时中止，"因为没有人有权接收这笔债务，也没有人会毫无争议地宣布我们已偿清债务。"1793年6月6日，杰斐逊向乔治·华盛顿建议道："我个人认为，只要不冒战争风险，不发生双重支付，与法兰西共和国保持友好非常重要。若无风险，我们应该提前偿还今年到期的分期付款债务。"

一段时期内，杰斐逊很乐观，高兴地说自己的喜怒哀乐"就是绝大多数公民的爱恨情愁"。"圣公会的前途并不明朗"，除了为君主政体寻求"垫脚石"的"小党派"外，整个国家充斥着共和党人，纷纷拥护宪法。共和党人胜利在望，但亚历山大·汉密尔顿这位永不服输的财政部长坚忍不拔的性格让杰斐逊烦恼不已。1793年5月13日，杰斐逊尖刻地抱怨亚历山大·汉密尔顿越权行事。因为亚历山大·汉密尔顿建议海关官员观察法兰西船违反中立的行为，并秘密向他报告。为了免得别人说美国"仅对英国中立"，杰斐逊不得不摆出事实，说："乔治·华盛顿总统并不希望与法兰西敌对，最重要的是，我们的选民热情支持法兰西。"

到美国后，埃德蒙·查尔斯·热内从来没有安分过，每天都在做一些不法勾当。杰斐逊刚开始还对他热情友好，但很快对他的行为感到忧虑。埃德蒙·查尔斯·热内不但不知收敛，而且变本加厉，这使杰斐逊愤怒不堪。杰斐逊起初非常冷静地给埃德蒙·查尔斯·热内写信，后来则十分愤怒地谴责他。杰斐逊发现埃德蒙·查尔斯·热内的目的是让美国正式卷入战争。杰斐逊政治敏锐性很高，一眼就看出埃德蒙·查尔斯·热内蔑视美国法律，无视美国的存在，肆意胡作非为。圣公会必然很快做

第10章 美国中立与法兰西特使的阴谋

出反应。杰斐逊绝不能默默地看着自己的祖国卷入战争。杰斐逊给门罗写信说，埃德蒙·查尔斯·热内的"行为到了无法无天的地步"。这位盲目自大、自以为是的法兰西人后来直接侮辱乔治·华盛顿，还略带威胁地说，自己是外国人，出于外交礼节，要向美国总统和民众发出呼吁，他只会尊重总统的政治观点，议员们少说废话。杰斐逊对埃德蒙·查尔斯·热内无可救药的蠢行忍无可忍，甚至有点粗暴地指责盲目追捧埃德蒙·查尔斯·热内的狂热分子，认为他们蠢到了极点，阻碍了共和党快速走向胜利。杰斐逊认为，必须让法兰西共和国召回埃德蒙·查尔斯·热内，同时渴望埃德蒙·查尔斯·热内早点离开美国，就算免他的职，也不算侮辱。杰斐逊写信给古弗尼尔·莫里斯，让他在巴黎重新审视埃德蒙·查尔斯·热内自从到达查尔斯顿后的所作所为，所用的语言要尽量使那些"盎格鲁人"满意。杰斐逊指出："如果我们的公民还没有自相残杀，那也不是因为埃德蒙·查尔斯·热内先生的自我节制。"埃德蒙·查尔斯·热内后来严厉指责杰斐逊，说杰斐逊曾私下里煽动和鼓励他，后来又公开抛弃了他。也许杰斐逊反对埃德蒙·查尔斯·热内并不是出于政治上的道义，而是由于自己处理问题时缺乏智慧，才使这位公使做了出格的事。杰斐逊的愤怒仅限于埃德蒙·查尔斯·热内，丝毫没有影响他对法兰西共和国的感情。1793年9月1日，杰斐逊写信给詹姆斯·麦迪逊，谈到了"友好的国家"和"敌对的国家"，"分别指法兰西共和国和英国"。和以前相比，杰斐逊显得更不中立了。

埃德蒙·查尔斯·热内来美国的这段时间内，希望、愤怒和失望在杰斐逊心中反复交织。作为一个政治家，杰斐逊的所作所为无可挑剔，值得称颂。面对英法战争，杰斐逊尽力支持法兰西共和国，但始终不越雷池半步，担心美国卷入战争。内阁会议上，亚历山大·汉密尔顿支持英国，杰斐逊同情法兰西共和国。双方争执不下。最后，美国订下了"中立原则"，为文明国家提供了先例。这些原则在杰斐逊的公文中都可以找到出处，让研究杰斐逊性格的人们对他卓越的政治智慧兴趣盎然。杰斐逊第一次参与法兰西大革命时，他的政治智慧体现得淋漓尽致。杰斐逊高瞻远瞩，能准确把握政治动向。当抛头露面有损声望时，他能审时度势，暂时作壁上观。待时机成熟后，他又重新领导政治工作。人们或许会争论杰斐逊的功过是非，但谁也不怀疑他非凡的政治敏锐性。杰斐逊看到共和党内一些有头有脸的人为埃德蒙·查尔斯·热内无法无天的蠢行辩护，打着自由的幌子，喊着革命的口号，狂热地组织民主团体，四处结交朋友。杰斐逊了解这些人的本性，对他们的所作所为了如指掌。这些狂热分子目光短浅，似乎要成为共和党的领袖。杰斐逊相信民众不会站到他们一边，更不会追随他们。这些狂热分子盲目激进，步调与民众脱节，最终难免失败。杰斐逊将这一切看在眼里，并没有阻止这些轻率的行为。因为他知道，若是加以阻止，也终将徒劳一场。杰斐逊不想看到内讧，不想因判断失误而使自己威信扫地。杰斐逊很遗憾地看到党内的灾难马上就要来临。他相信，眼前的逆境马上会变得柳暗花明。面对灾难，杰斐逊提高警惕而避之。灾难过后，大多数人才想起杰斐逊的智慧和远见，更加毫无保留地信任他。那些鲁莽的狂热分子不得不对杰斐逊佩服得五体投地，感激杰斐逊让他们免受公众的指责。杰斐逊始终不偏不倚地追求自己的事业，巧妙地避开党内争执和忌妒，力求少犯错，不树敌。杰斐逊准确鉴别民众运动的性质，表现出非凡的能力，在同时代的政治家中显得与众不同。

尽管有很多人和杰斐逊一道支持法兰西，但杰斐逊却诚惶诚恐，在内阁任职时感到不甚爽快。实际上，遇到像亚历山大·汉密尔顿这样强硬而不知疲倦的"斗士"，杰斐逊这种性格的人根本不会有自在可言。亚历山大·汉密尔顿不满足于一时的胜利，渴望持续不断的斗争，让杰斐逊疲惫不堪。杰斐逊希望能避开这种生活。不少人想任国务卿而求之不得，杰斐逊却巴不得逃离这牢笼般的工作。早在1792年3月18日，

第10章 美国中立与法兰西特使的阴谋

杰斐逊就写信给威廉·肖特[①]表达了这一意愿。杰斐逊说,乔治·华盛顿总统第一任期届满时自己就退休。1792年9月9日,杰斐逊写信给乔治·华盛顿表示反对亚历山大·汉密尔顿。这封信非常有名,信中说:"我盼望着退休的那一天,就如一名饱经风霜的水手终于看到了陆地,不停地计算着何时何地能够靠岸。"说这种话的人不少,可真想退休的恐怕只有杰斐逊一人。乔治·华盛顿坚决不同意杰斐逊退休,杰斐逊只好无奈地继续留在任上。当时,杰斐逊觉得任职的时间越短越好。1793年7月31日,杰斐逊写信给乔治·华盛顿,说:"本季度末似乎是我

威廉·肖特

[①] 威廉·肖特(1759—1849),美国早期外交官。杰斐逊任法兰西公使时曾担任杰斐逊的私人秘书,杰斐逊是他的导师和朋友。——译者注

退休的最佳时间。"乔治·华盛顿强求杰斐逊继续留任,让他务必坚持到年底。后来,杰斐逊如愿以偿地回到蒙蒂塞洛,就像从监狱中释放出来的犯人一样轻松快乐。

杰斐逊根本无法逃避别人的指责。以前有人指责他占着职位不让,现在又来指责他"临阵逃脱"。正是这些人一直指责杰斐逊是反政府头子,顽固地把持着政府部门,明目张胆地阻挠政府的政策。杰斐逊退休时,他们却说杰斐逊应在亚历山大·汉密尔顿方便退休时再退休。他们公开宣称,乔治·华盛顿重新组建内阁将会显得非常尴尬,亚历山大·汉密尔顿在财政部的工作尚未完成,杰斐逊应等到亚历山大·汉密尔顿完成全部工作后,这对冤家再找个合适的时间一起滚蛋。这些指责完全不公正。乔治·华盛顿很了解内阁的状况,给杰斐逊施加了任何可以施加的压力,讲明了国务卿肩负的重任,希望能够挽留杰斐逊。乔治·华盛顿认为,杰斐逊和亚历山大·汉密尔顿在斗争中势均力敌,用责任约束不了亚历山大·汉密尔顿,却能够约束杰斐逊。无论乔治·华盛顿多么尽力,都未能改变杰斐逊回家的决心。杰斐逊绝不可能拒绝退休。如果让他为了无限的任期而讨好政治上的劲敌,简直是荒唐可笑之事。他根本不知道亚历山大·汉密尔顿想不想辞职。杰斐逊不相信亚历山大·汉密尔顿,对亚历山大·汉密尔顿继续留任也极为不满。如果他辞职后也能迫使亚历山大·汉密尔顿辞职,那就最好不过了。别人对杰斐逊的两种指控自相矛盾,表明杰斐逊的所作所为并无不适之处。

第 11 章

国内外政治形势与《杰伊条约》

精彩看点

在家耕作——国外政治形势——关于贸易的报告——民主社会团体——总统的行为令人忧虑——威士忌酒税暴动——《杰伊条约》——反对共和党的巨人——乔治·华盛顿的继任者——共和党的前景

杰斐逊在家耕作，无比逍遥自在。他说："现在我的所作所为完全符合自己对生活的追求。年轻时根本不知务农如此悠闲。现在看来，它比学习更有乐趣。"杰斐逊将别人的来信推了又推，迟迟不回，只有下雨天才待在室内写信，与农夫没什么两样。他一个月看不完一份报纸，发现自己"无比幸福"。他说自己"只想着一个政治话题，就是向同胞们宣布，第一届和第二届国会的议员们唯财政部马首是瞻，都是些无耻的腐败分子。"

没有报纸可读的情况下，这位"农夫"也要想尽办法及时更新自己的知识，不断了解国内外的政治形势。杰斐逊遗憾地看到"同胞们在英国的欺辱下痛苦呻吟。……希望法军的胜利能点燃欧洲民众心中的怒火，希望他们起来反抗那些将他们带入邪恶的混蛋，将国王、贵族、牧师们统统送上断头台。断头台好久未受过人类鲜血的洗礼了。我一想起这些罪恶之人就心潮澎湃，不过我很少想这些。我更愿意默默地观察自己亲手种的紫花苜蓿和土豆安静地生长"。杰斐逊说，"我们应追求和平，以和平为荣"，与英国和解。令人难以理解的是，杰斐逊总是"提议与英国断绝联系，因为英国残暴之极"。得知参议院未通过《禁止进口法案》，杰斐逊生气地写道，参议院"唯议员们的意志是从，有意搁置该法案。不知议员们是否想过，他们不仅在表达自己的意愿，还代表着广大民众的意愿。议员们无疑是在引火烧身。"

　　杰斐逊所写的一份有关贸易的报告引起了国会议员们激烈的争论。詹姆斯·麦迪逊和威廉·贾尔斯支持这份报告，共同反对为追求商业利益而抱成一团的联邦主义者，鼓励与法兰西共和国进行贸易，提议削减与英国的贸易总量。杰斐逊指出，国家贸易不能受感情的影响。他坚定地认为，与法兰西共和国的贸易对美国更有利。杰斐逊的观点听起来很有道理，但商人们谁都不愿意去冒险，谁都不愿意放弃已有的贸易渠道而另外寻求新的贸易伙伴。就该报告中提出的贸易方案，共和党人和联邦党人长期争论不休。

　　美国民众模仿法兰西雅各宾派，建立了自己的民主社会团体，不久就遭到联邦党人的非议。杰斐逊很苦恼地指出，这是"独裁主义者身上所特有的一种过激行为"。面对联邦党人的非议，乔治·华盛顿迫于压力，不情愿地做了让步，提到这些民主社会团体时颇有微词，很不高兴。杰斐逊认为："乔治·华盛顿总统自己成为攻击言论自由，攻击写作、印刷、出版自由的代言人。"杰斐逊为乔治·华盛顿总统的所作所为深感忧虑，又有点猜疑他。杰斐逊觉得总统正在失去公正，从国家首脑变成了政党首脑。杰斐逊也十分担忧乔治·华盛顿总统的前途。杰斐逊更担心的是乔治·华盛顿原本诚实正直，一旦在政治上犯错，民众将会高呼"他有失德之处，联邦党和共和党毁坏了他的国家！"

　　宾夕法尼亚州发生了"威士忌酒税暴动"。杰斐逊对此表示无限同情。1794年12月28日，杰斐逊在写给詹姆斯·麦迪逊的信中表明，这些事情"只不过是暴动而已"。从前，某次国会会议上的确讨论过州与联邦的分离问题，但讨论一个问题并不意味着就该问题做出决议，更不一定依此采取行动。杰斐逊继续写道："我倒要看看法庭上律师们、威严的法官和未来的公使们如何理解这件事情。向威士忌酒征税的法律明显要将人们逼上绝路。承认该法律的合宪性已经错了，依据该法律去

威士忌酒税暴动

乔治·华盛顿总统率军前往宾夕法尼亚州平息"威士忌酒税暴动"

第11章 国内外政治形势与《杰伊条约》

征税更是错上加错,若该法律的实施导致了联邦分裂,将是大错特错。如果联邦分裂了,我们就会感到漂浮不定,不知道跟着谁走好。"

杰斐逊坚决反对《杰伊条约》①。该条约在全国掀起了轩然大波,曾严重威胁到乔治·华盛顿的执政。民众对《杰伊条约》十分不满,杰斐逊更与之水火不容。刚看到该条约,杰斐逊就不假思索地"决定反对它"。人们对《杰伊条约》的争论越来越激烈。亚历山大·汉密尔顿化名"库尔提斯"和"卡美卢斯"加入论战。杰斐逊感到十分不安。看到共和党内部反对该条约的人"表现平平",杰斐逊恳求詹姆斯·麦迪逊亲自出马。杰斐逊劝詹姆斯·麦迪逊道:"亚历山大·汉密尔顿真是一位反对共和党人的巨人。无须任何帮手,他自己就是一支精锐之师。联邦党人已走上了险路,必定筋疲力尽。亚历山大·汉密尔顿才华出众,不屈不挠,他们可能安全脱离险境……说实话,他若还要一意孤行,能对付他的人非你莫属了……看在上帝的面上,请拿起你的笔,给他以猛烈的回击。"杰斐逊不愿意亲自参与斗争,似乎根本没有亲自拿起笔来参与论战的意愿。

时任国务卿的埃德蒙·伦道夫背信弃义,去支持亚历山大·汉密尔顿。乔治·华盛顿在亚历山大·汉密尔顿的影响下最终批准了《杰伊条约》。杰斐逊称"这是一件可怕的事情"。众议院反对《杰伊条约》的议员们掌握了与该条约有关的外交文件,拒绝参与保证条约实施的任何立法活动。《杰伊条约》最终未能实施。激烈的斗争中危险重重。共和党人积极进取,杰斐逊本人也全力以赴。当时,政治形势一片大好,政党领导人们谁都不关心杰斐逊在内阁磋商中就《杰伊条约》的原则性问题提出的意见,杰斐逊陷入矛盾之中。联邦党人在《杰伊条约》的斗

---

① 《杰伊条约》是1794年美英双方签署的通商与航海条约。因美方代表美国首席大法官约翰·杰伊而得名。——译者注

争中最终取得胜利,共和党人落败。杰斐逊也不怎么悲观,说:"这次胜利是他们应得的,是用金钱买来的胜利,会给联邦党带来前所未有的巨大冲击。"除了乔治·华盛顿总统在民众中的功绩之外,联邦党人没什么可以依靠。乔治·华盛顿退休时,如果他的继任者是位独裁主义者,选民们的共和意识将会压倒这位继任者。如果是一名共和党人,继任后的新总统自然会运用自己的共和意识,以莫大的耐心引导政府与民众和谐相处。

人们一致认为乔治·华盛顿的继任者将是一位坚定的共和党人。共和党的前景变得一片光明。事实上,就整个国家民众的情绪状态而言,对法兰西共和国的同情和对英国的厌恶都源于对《杰伊条约》的憎恨。共和党的胜利不会像民众政治中发生的许多事情那样一帆风顺。一直以来,联邦党推行自己的政策时不受民众欢迎,并树敌不少。联邦党人正在失去自己的阵地,但他们绝不会迅速退却而让共和党控制下一届选举。杰斐逊尚需"耐心"等待。

第 12 章

担任副总统与竞选总统

> **精彩看点**

选举总统和副总统——联邦党内的阴谋——不愿担任职务——特别的任职方式——与约翰·亚当斯交好——总统和副总统的分歧——来自法兰西的抱怨——写给马泽伊的信——"XYZ"事件——反对备战——抗议违反宪法的行为——州与联邦分离——联邦党人的诽谤——竞选总统——联邦党人的阻挠——宪法的缺陷

美国第三届总统选举时，选举人仍有较大的自主性。选举人给总统候选人和副总统候选人同时投票，得票最多的人任总统，得票仅次于总统的任副总统。杰斐逊有希望当选总统，约翰·亚当斯也有可能与总统失之交臂。联邦党人本有足够的能力控制总统和副总统的选举，但他们的选举委员会缺乏配合，低估了风险，也没能妥善防范。联邦党人普遍认为约翰·亚当斯理应成为总统候选人，查尔斯·科茨沃思·平克尼[①]应该排第二。联邦党内部人才济济，可任领导的人众多，很容易选出至少十几个总统候选人。众多候选人当中，并不是所有人都与约翰·亚当斯一个鼻孔出气。约翰·亚当斯也不是理所当然的第一候选人。相反，不少人质疑约翰·亚当斯的主张，是他的对手。约翰·亚当斯的追随者们怀疑亚历山大·汉密尔顿和南方的共和党人会暗中操作，联邦党内本来要投给约翰·亚当斯的选票可能会不幸地投到别处。有些人虽在约翰·亚当斯所在的部门供职，而不属于他所在的派系，可能会给查尔斯·科茨沃思·平克尼投票。约翰·亚当斯有当选副总统的可能性。共和党内部情况没这么复杂。杰斐逊毫无疑问是共和党人的领袖。詹姆斯·麦迪

---

① 查尔斯·科茨沃思·平克尼（1746—1825），美国开国元勋、政治家，联邦党成员，大陆会议代表，美国宪法的主要签署人，曾两次作为总统候选人参加竞选。——译者注

逊处理政治问题的智慧远远不如杰斐逊。乔治·克林顿、阿伦·伯尔、詹姆斯·门罗和艾伯特·加勒廷都是二流总统候选人。联邦党人互不信任,但共和党人内部意见统一,全党上下团结一致,力争在选举中获得成功。为了确保约翰·亚当斯在选举中免受共和党人以及查尔斯·科茨沃思·平克尼同党阴谋的影响,约翰·亚当斯的追随者们放弃了第二次投票。选举结果表明,杰斐逊领先于查尔斯·科茨沃思·平克尼,再有四票就可击败约翰·亚当斯[①]。

由于管理不善,部分联邦党人在选举中不怀好意。结果联邦党人失去了副总统的位置,并严重影响到总统的位置。杰斐逊不允许在他领导的政党内出现这种拙劣的行为。

1796年12月17日,杰斐逊写信给詹姆斯·麦迪逊,说:"我由衷地希望你能担任总统候选人。你若拒绝,我希望别人能够担此重任,而不是我自己。我的得票数处于较领先的位置,我焦虑不已。"十天以后,杰斐逊给爱德华·拉特里奇写信,说:"没想到,在我没有同意的情况下,大家又将我作为候选人,我不希望如此。我在上帝面前声明,我发自内心地为逃脱政务而感到高兴。我没有统治别人的野心。没有什么事比我在暴风雨中快乐地策马驰骋更有激情……我所依恋的是我的家……"1797年1月1日,杰斐逊告诉詹姆斯·麦迪逊:"我根本不想担任总统。副总统也是世界上独一无二的职位,我还没有考虑过是否愿意担任此职。"杰斐逊总是在反复表达自己不情愿再次出山的想法。这也可以理解,大多数人在类似的情况下也会如此。杰斐逊认为,在家里安静地生活比贪求别的什么都好。后来,在首都任职的十二年中,杰斐逊连续担任副总统、总统,再未说过要拒绝担任职务。

---

① 约翰·亚当斯得71票,杰斐逊得68票,查尔斯·科茨沃思·平克尼得59票,阿伦·伯尔得30票,其余选票为别的候选人获得。——原注

查尔斯·科茨沃思·平克尼

乔治·克林顿

第 12 章 担任副总统与竞选总统

共和党人与联邦党人的斗争中,杰斐逊高超的政治手段和良好的心态发挥了巨大的作用,但他从未忽视过做好表面文章。通过做表面文章,杰斐逊赢得了见识肤浅的旁观者们的信任。杰斐逊煞费苦心地做出安排,决定不派特别信使通知他当选。邮政是最好的联系方式,简单、廉价,常为共和党人所青睐。杰斐逊说:"我不希望举行任何就职仪式,我要毫不张扬地去任职。如果托马斯·米夫林①州长有安排就职仪式的想法,请设法阻止他。"一切如杰斐逊所愿,他悄无声息地去任职,没有引起任何人的注意。恰恰相反,约翰·亚当斯却希望自己的任职能引起广大民众的关注。

杰斐逊乐观而愉快地出任了副总统,清楚地看到亚历山大·汉密尔顿再也无法控制一个统一的政党了。亚历山大·汉密尔顿是联邦党人中最可怕的人。杰斐逊再也不为乔治·华盛顿的离职而感到遗憾。长期以来,杰斐逊一直认为乔治·华盛顿是个联邦主义者、温和派,热爱国家、为人诚实,但他的影响太大,比任何党派都要危险得多。1797 年 6 月 17 日,在致阿伦·伯尔的信中,杰斐逊承认自己"一直希望乔治·华盛顿在民众心中的影响力有所减退。这样一来,民众渴望自由的情感便会油然而生,行政和立法部门之间将取得平衡。此二部门已在乔治·华盛顿强大的影响力之下失去了平衡"。杰斐逊认为,自己应该主动与约翰·亚当斯先生搞好关系。以杰斐逊的精明,完全可以影响这位率直、冲动而任性的总统。杰斐逊将仇恨亚历山大·汉密尔顿作为约翰·亚当斯和自己联盟的纽带。这也是他们友谊的基础。杰斐逊想巧妙地利用约翰·亚当斯的嫉妒和多疑的天性,来控制这位性情急躁的新英格兰人。1796 年 12 月 28 日,杰斐逊写信给约翰·亚当斯,说:"你纽约的老朋

---

① 托马斯·米夫林(1744—1800),美国政治家,1783 年当选为大陆会议主席,宾夕法尼亚州第一任州长。——译者注

托马斯·米夫林与夫人

友可能用狡猾的伎俩欺骗了你,让他作你的接班人。他能够让你真正的朋友变成他手中的工具,使你们的希望完全破灭。"从那时起,直到和约翰·亚当斯见面,杰斐逊都有意识地向约翰·亚当斯表达自己的诚意,温文尔雅地向他说些好听的话。杰斐逊就像将诱饵抛向一只精明的鸟,能否捕到还尚未可知,只是希望能把它引诱过来。杰斐逊上任两天后,一切似乎应验了他的预感。1797年3月2日,杰斐逊来到费城。他说:"我立即拜访了约翰·亚当斯先生……第二天早上,约翰·亚当斯又来拜访我……他发现我一个人在房间里,便关上了门。他说很高兴见到我独自一人,希望和我自由交谈。"在愉快的"自由交谈"中,约翰·亚当斯总统表示,自己不希望美国马上与法兰西共和国国决裂,准备立刻派遣"代表团到法兰西督政府","第一个愿望"就是任命杰斐逊为特使。两人都认为这样不合适,于是约翰·亚当斯建议共和党人埃尔布里奇·格里、詹姆斯·麦迪逊和联邦党人查尔斯·科茨沃思·平克尼一起担任政府特使。约翰·亚当斯总统和副总统杰斐逊之间的融洽关系保持的并不长。三天后,约翰·亚当斯和杰斐逊一同去乔治·华盛顿将军家

总统任上的约翰·亚当斯

参加晚宴。回家的路上，杰斐逊非要对约翰·亚当斯说詹姆斯·麦迪逊拒绝去法兰西共和国是正确的选择。约翰·亚当斯立即答复，有人反对詹姆斯·麦迪逊等人的任命，他还没有考虑过这些意见。约翰·亚当斯继续尴尬地找借口。他们各自走上回家的路……也从此分道扬镳。从那以后，约翰·亚当斯只字不提当晚和杰斐逊讨论过的事，制定政府的任何措施时也不征求杰斐逊的意见。约翰·亚当斯总统和副总统杰斐逊之间的以礼相待很快消失了。他们的关系陷入了困境。杰斐逊对外交程序中的关键环节把握得并不准确。事实上，约翰·亚当斯带来的不是和平，而是争斗。约翰·亚当斯执政期间，美国的党派之间以及不同派别个人之间的仇恨比任何时候都要深。后来，联邦党和共和党在外交上进行了一次真正的较量。共和党人认为不宜与法兰西共和国冲突，如果与法兰西共和国不和就有点像内讧。法兰西督政府为拿破仑·波拿巴的胜利疯狂不已，正在寻找反人类战争的根源。甚至有人传言，法兰西共和国对美国产生敌意的诱因就是没有选杰斐逊任总统。问题的关键似乎不在美国是否应该被迫宣战，而是法兰西共和国是否会发动战争。美国不得不承认与英国签订的《杰伊条约》违反了与法兰西共和国的约定。法兰西共和国以《杰伊条约》作为美国与英国交好的证据。当查尔斯·科茨沃思·平克尼接替詹姆斯·门罗担任法兰西公使时，法兰西共和国傲慢地拒绝了，并一反常态地颁布法令反对与美国进行贸易，肆意劫掠美国的航运，令人难以容忍。法兰西督政府用恭维的话让詹姆斯·门罗离开了法兰西共和国。这是对詹姆斯·门罗本人的轻薄，是对召回詹姆斯·门罗的美国政府的侮辱。法兰西督政府还宣称，美国若对法兰西共和国的抱怨不做出令人满意的答复，他们不会接受任何公使。究竟法兰西共和国因何事而抱怨美国尚未可知。令人恼火的消息接连不断，惹得约翰·亚当斯总统怒不可遏。本来温和的美国民众也对法兰西共和国的做法感到十分厌恶。反对法兰西共和国的政党力量进一步增强了。1797年5月，

担任法兰西督政府第一执政期间的拿破仑·波拿巴

美国国会额外召开了一次会议，约翰·亚当斯总统建议组建一支海军，在港口设防，为防御战争做好准备。副总统杰斐逊麾下的共和党人开始焦虑，甚至有点垂头丧气，因为事态的发展似乎对他们不利。杰斐逊指出："选举后期所发生的变化对共和党人不利。"尽管"和平是普遍的愿望，但国会现在可能会从幕后走到台前，制订一些火药味颇浓的措施，并以威胁的姿态引起对方的敌意。"杰斐逊说："战争并不是我们最好的选择。贸易是上帝赋予我们的手段，如果操控得当，能使欧洲有利害关系的国家公正地对待我们。"杰斐逊认为，战争的呼声"是我们中间的亲英党派发出的，他们与英国人关系密切，感情深厚。"1797年6月17日，杰斐逊高兴地写道："拿破仑·波拿巴在法兰西共和国取得了胜利，莱茵河上也传来捷报，奥地利实现了和平。英国的计划彻底破产，驻守在泰晤士河诺尔锚地的海军哗变①，英王乔治三世提出了和平措施进行劝诫。"美国的亲英派在惊恐之下变得格外顺从。

约翰·亚当斯天生好斗。他认为，自己有责任维持和平。法兰西共和国仍愤怒地威胁美国。约翰·亚当斯任命埃尔布里奇·格里、约翰·马歇尔、查尔斯·科茨沃思·平克尼一起去巴黎担任特使。杰斐逊恳求埃尔布里奇·格里去法兰西共和国担任特使。杰斐逊写道："我国的首要目标是和平，同时也要考虑国家的利益和荣誉。权衡之下，和平比利益更重要，要不顾一切地追求和平。暂且将荣誉放在一边，它还不能成为我们追求的目标。从1793年初到今天，交战双方对我们的侮辱和伤害至今还在继续，我们却不能为了摆脱这种侮辱和伤害与任何一方交战。"杰斐逊对君主制还是心有余悸。他说："我们现在有激情固然很好，可

---

① 1797年5月12日，泰晤士河诺尔锚地的海军因不满当时的待遇而哗变，要求增加工资、改善工作条件。后来，哗变者的要求变得激进，要求英王解散议会，与法兰西共和国停战，激怒了海军部。诺尔锚地的军舰比较分散，不属于一个舰队，哗变者很难团结一致。加上缺乏食物，哗变最终失败，二十九名带头哗变者被绞死，其他人被鞭打、监禁或流放。——原注

代表们想出了应对诺尔河兵变的办法

我们还不够强大。一旦卷入战争，我们的联邦就极有可能被战争拖垮。我们的希望全在于你是否接受这一使命。"埃尔布里奇·格里迫于压力接受了这一使命。

杰斐逊说，当时的态势不容乐观，政治上的对手们不再"区分国家事务和社会事务"，不再"互相交流"。"那些一生都很亲密的人过马路时为了避免见面，把头转到另一面。"杰斐逊说："上了岁数的人最爱宁静。"他觉得当时的一切都在折磨着自己。1797年夏天，杰斐逊写给菲利波·马泽伊①的那封

菲利波·马泽伊

著名的信被公之于众。杰斐逊更加不得安宁。这封信是杰斐逊在1796年4月24日写给弗吉尼亚的老朋友、邻居，意大利人菲利波·马泽伊的。后来，菲利波·马泽伊去了欧洲。这封信"从英语翻译成意大利语，从意大利语翻译成法语，又从法语翻译成英语"。原信中重要的一段如下：

> 自从你离去，我们的政治形势又生变故。我们热爱崇高自由的共和政府，也在斗争中取得过胜利。现在圣公会君主贵族政党如雨后春笋般兴起。他们已经具备了英国政府的形式，现在他们的目标是控制我们，将政府变成名副其实的英式政府。

---

① 菲利波·马泽伊（1730—1816），意大利医生，杰斐逊的密友，1775年从商。美国独立战争期间曾是弗吉尼亚的武器代理商。——译者注

第12章 担任副总统与竞选总统

大多数民众依然信奉共和。共和党拥有大量的土地权益和优秀人才。我们反对行政部门、司法部门、立法部门中三分之二的机构，以及所有政府的官员和那些想成为官员的人。我们也反对所有喜欢专制下的平静而不喜欢太多自由的胆小鬼、英国商人、投机者和银行公共基金持有人。我们更瞧不起那些用于腐败的伎俩，以及让我们化为腐朽去融入英国模式的阴谋诡计。有些人叛党去信奉异端邪说。有些人像战场上的大力士参孙①一样英勇，和所罗门一样聪明，但他们始终不渝地倒向英国一面。如我说出他们的名字，你一定会大吃一惊。简而言之，只有通过不懈的努力，经历无数的危险，我们才能拥有自己的自由。我们一定要保护自由。我们人数众多并拥有大量有利条件，别人不会再威胁我们。共和党人和广大民众定能摆脱一切不利条件，最终赢得自由。

最终，这封信在美国出版。杰斐逊认为，信的"主要内容"仍和他写的一样，只有一个错误需要改正②。联邦党人立刻怒吼起来。他们说，杰斐逊表面上看起来是乔治·华盛顿的朋友，实际上卑鄙无耻，虚情假意，对朋友背信弃义、恶语中伤。杰斐逊很明智，不做任何解释，以免纠缠不清。许多年后，他才说，自己当时指责的不是乔治·华盛顿，而是辛辛那提州的其他人，乔治·华盛顿本人不可能对那封信产生误解。联邦党人中的历史学家们并不认可这些事后的解释，对这封信的态度并

---

① 参孙是圣经《士师记》中的犹太士师，生于前11世纪的以色列。神赐予他极大的力气。他徒手击杀雄狮，只身与以色列的外敌非利士人战斗。——译者注
② 见杰斐逊1797年8月3日写给詹姆斯·麦迪逊的信：《杰斐逊集》，第四章，193页。——原注

不比当时的联邦党人好多少。后来流传着这样一个故事，乔治·华盛顿看到信后认为事情很严重，让杰斐逊做出解释。杰斐逊诚恳地道歉并做了解释。杰斐逊的道歉信和乔治·华盛顿的日记都找不到了。人们猜测，杰斐逊大概是在乔治·华盛顿私人秘书李尔的帮助下将信和日记拿走了，因为杰斐逊与李尔是好朋友。这也只是猜测罢了，没有什么真凭实据。杰斐逊极力否认这一切。像理查德·希尔德雷斯[①]这样的党派人士也承认"这个故事过于牵强附会"。当时的联邦主义者，以及后来的联邦主义作家们都坚定不移地认为杰斐逊让乔治·华盛顿丧失了信心。如果这成了事实，那么这封信就会使其他所有人都丧失信心。纯粹的联邦主义者认为，杰斐逊看似完美的政治智慧是对乔治·华盛顿总统的亵渎。杰斐逊并没有犯过这种错误。杰斐逊崇敬乔治·华盛顿的优秀品格，这一点毋庸置疑[②]。他对乔治·华盛顿以诚相待，没有半点虚伪。有时他会向朋友抱怨乔治·华盛顿总统影响力太大。杰斐逊可能低估了乔治·华盛顿的智慧，但与乔治·华盛顿关系亲密。坚定的联邦主义者蒂莫西·皮克林在遗留下的手稿中对乔治·华盛顿颇有微词，杰斐逊却没有留下类似的只言片语。一些声名狼藉的共和党作家用粗俗的话攻击乔治·华盛顿，根本不怀好意。有人马上严厉地谴责杰斐逊，说他应该出面消除这种负面影响。有人认为杰斐逊应该用自己的影响力去约束这些共和党作家，或者当面告诉他们不许如此，但杰斐逊无动于衷。一个政党的领导人不应对自己追随者的个人行为负责。人们认为，乔治·华盛顿的情况是独特的，杰斐逊应在党内定下不许冒犯乔治·华盛顿的规矩。杰斐逊能够制止这些作家的行为，但他对这种粗鄙的诽谤睁一只眼闭一只眼，

[①] 理查德·希尔德雷思（1807—1865），美国记者、作家、历史学家，著有《美利坚合众国史》，强烈支持联邦党和废除奴隶制。——译者注
[②] 见1824年6月29日杰斐逊写给范布伦的信。该信摘自《杰斐逊集》。其中，杰斐逊对这一著名争议表明了立场，详细地做了陈述。——原注

第 12 章 担任副总统与竞选总统

根本不可原谅。相信子孙后代们会头脑冷静地做出清醒的判断。人们认为杰斐逊完全能够运用党内权威有效地限制这些行为。杰斐逊辩解称自己推崇言论自由,从来不会强迫性地控制这些追随者们。美国民众所不能原谅的是,在共和党新闻记者的恶语中伤下,乔治·华盛顿感到很悲伤,而杰斐逊却袖手旁观。杰斐逊默默忍受着这些恶毒而子虚乌有的攻击。借此机会,联邦党人便认为杰斐逊是恶意中伤乔治·华盛顿的罪魁祸首,并以此作为攻击他的有力武器,认为杰斐逊在政治争论中不太诚实。查尔斯·科茨沃思·平克尼、约翰·马歇尔和埃尔布里奇·格里三位去巴黎的特使受到了不公待遇。法兰西共和国根本没有用外交礼节接待他们。法兰西督政府提出,约翰·亚当斯总统在国会演讲中攻击法兰西共和国,若美国不道歉,法兰西民众所受的委屈得不到满意的补偿,那么就拒不接待美国公使。三位公使愤愤不平,烦躁不安。完成使命如同雾里看花。三位公使正考虑很不体面地回到美国。这时,法兰西共和国外交部部长塔列朗的几位私人密使意外地来找他们。这些密使以中间人的身份提出,如果美国向法兰西督政府提供一笔公共贷款,并向塔列朗支付数量可观的贿赂金,谈判就会顺利进行。这些无耻的提议只是枉费口舌,自然没有什么结果。约翰·马歇尔和查尔斯·科茨沃思·平克尼愤然离去。密使们找了一些似是而非的借口说服了埃尔布里奇·格里,让他独自在法兰西共和国待了一段时间。埃尔布里奇·格里的这种愚蠢行为充其量是礼节方面的问题,并没有什么不纯的动机。联邦党人却强烈地谴责他,说他并不是被人愚弄,而是心甘情愿地为法兰西督政府做事。

  1798 年 3 月,约翰·亚当斯总统义愤填膺地在国会向全国宣布了这次外交上的失败,在民众中间引起了强烈反响。联邦党人认为战争已不可避免,提议马上采取行动,加强陆军和海军的防御能力。共和党人人心惶惶,坚决反对战争。共和党人的作用就像车轮上的刹车片,只能让事态不要进一步扩大,却不能完全阻止它。共和党人很快就无法掌控事态的发展了。约翰·亚当斯总统要求公开特使们的信件,法兰西督政府的可耻行为被公之于众。因为当时法兰西共和国外交部派出的三位中间人的真实姓名用X、Y、Z代替了,所以整个事件被称为"XYZ"事件。真相大白后,全国怒潮狂涌。约翰·亚当斯总统也热血沸腾,失去了以往的理智。他公开宣布,如果法兰西共和国事先不承认美国的公使代表"伟大、自由、独立、强大的美国",不能对公使们以礼相待,美国就绝不再向法兰西共和国派出一名公使。联邦党人促使国会一项接一项地通过有力的战争措施。两个党派各持己见,本就摇摆不定的民众完全倒向了联邦党。共和党人惊慌失措,几乎绝望。有人在一时的绝望和困惑中保持沉默,有人则像希腊塞莫皮莱的斯巴达人一样,在绝望中继续战斗。联邦党人和共和党人都认为战争即将来临。

面对当前的混乱和疯狂,共和党人意志消沉,杰斐逊却表现出罕见的冷静,不得不令人钦佩。杰斐逊刚得知"XYZ"事件时,也感到震惊和悲伤。他像往常一样,以莫大的勇气迅速振作起来。杰斐逊认为塔列朗就是个流氓,法兰西共和国和美国之间根本没有必要彼此疏远。杰斐逊有一种深刻而永恒的政治信念,任何不幸和失败都不能动摇它。他那些忠诚而没有头脑的同事所犯的错误,埃德蒙·查尔斯·热内所犯的错误,塔列朗和法兰西督政府卑鄙的行径,都没能动摇他对自由事业和为民众谋福祉的永恒信念。杰斐逊虽然有时也缺乏智慧,言行不一,但对自己的做事原则始终充满信心。杰斐逊一贯的所作所为证明他不是一个伪君子、投机者和煽动家。他始终坚定不移地追求自己的政治理想。杰斐逊很精明,总能审时度势,随机应变,具体问题具体对待,面对任何压力从来没有放弃过自己的原则,也从未失去过信心和勇气。信奉民主的人也会干蠢事、犯错误。杰斐逊始终不渝地坚持自己的民主思想。在政治的茫茫大海中,杰斐逊并没有因为偶尔的不如意去改变自己的方

塔列朗

1798年5月"XYZ"事件后英国对法美关系的讽刺：五名法兰西人非礼女性（美国），而六名代表其他欧洲国家的人则旁观。约翰牛（英国）坐在"莎士比亚的悬崖"上大笑

漫画《草原狗》。寓意是与法兰西共和国打交道只会让美国付出更大的代价

向。前途渺茫的漫长岁月里，杰斐逊总能耐心等待。杰斐逊相信，自己的祖国经历了狂风巨浪之后，一定能朝着正确的方向前进。无论怎样，杰斐逊都是一位伟大的政治家。他高瞻远瞩、目标宏大，处理政治问题时手段高明，一个纯粹的政治家远不能及。当前途未卜，人们看不到希望时，杰斐逊说，一切都将过去，不能以偏概全，更不能用一成不变的眼光看问题，事态总体上向好的方向发展，一时的失意并不影响大局。杰斐逊所有的努力都是为了争取时间，敦促大家坚决反对一切备战措施。

在当时看来，杰斐逊反对备战的措施丝毫没有合理之处。后来，事实证明他的做法完全正确。当时的态势并没有像杰斐逊预料的那样发展，他显得很不高兴。杰斐逊认为，随着法兰西共和国在欧洲的胜利，美国民众会很快打消战争的念头，答应法兰西共和国的要求要比开战好得多。事实上，事情并非以这种耻辱的方式结束。法兰西共和国与众不同、令人吃惊的和解方式和约翰·亚当斯总统的非凡举措化解了当时剑拔弩张的事态。丑行被公之于众后，塔列朗惊慌失措。他非常聪明，默默自认倒霉，同时宣称整个"XYZ"事件本身就是一个巨大的错误。不久，塔列朗向美国驻海牙公使万斯·默里表示，法兰西共和国希望在友好的基础上重新与美国谈判。另外约翰·亚当斯总统也以莫大的勇气坚持己见，当机立断，亲自向法兰西共和国派遣了一个新的使团，成功地缔结了条约，避免了战争。约翰·亚当斯总统亲手赠予了美国一份厚礼。同时，内部本来不和的联邦党从此分裂成敌对的两派。他们各自心怀恶意，互相仇恨，常常内讧。

约翰·亚当斯执政期间，联邦党人时常犯错，愚蠢地争吵不休，还犯有名副其实的政治罪行。《客籍法和惩治叛乱法》中有一段文字，字面意思自相矛盾，与宪法精神极不一致，法兰西共和国为此幸灾乐祸。杰斐逊认为，联邦党人的这种做法是极端的挑衅行为。一向冷静睿智的杰斐逊一反常态，采用以毒攻毒、以牙还牙的办法，制定了邪恶的《肯

第 12 章 担任副总统与竞选总统

美国驻海牙公使万斯·默里

塔基州决议案》，抗议违反宪法的法令，但这种强烈的抗议远远超出了宪法的限制。杰斐逊还起草了一份具有革命性质的法案。就算州议会比较激进不顾后果，通过该法案时也要做大量修改。这些修改过的法案为后来南方各州的分离主义提供了先例和权威依据，也对南卡罗来纳州议会拒绝执行联邦法律的行为以及 1861 年内战爆发产生了深远影响。有人认为，杰斐逊反抗联邦党人极端挑衅的方式是一种叛国行为。杰斐逊在辩解中称，拒绝联邦法令的运动和分离主义后来愈演愈烈，在自己执政时期并不明显。在杰斐逊的影响下，詹姆斯·麦迪逊也很快起草了《弗吉尼亚州决议案》，比杰斐逊的杰作逊色不了多少，同样引起了人们的异议。人们对杰斐逊等人的这种做法仁者见仁，智者见智。他们的所作所为没有给国家带来多大的损害，对他们本人也无严重影响。

联邦党人发现有些州与联邦分离的危险一触即发，杰斐逊才意识到自己做了蠢事。1798 年 6 月，他写道：

> 如果联邦内一个政党临时占了优势，而另外一个政党就想办法分裂联邦，联邦政府就不可能存在了。如果我们与马萨诸塞和康涅狄格脱离关系，分裂了联邦，不幸之事难道就不会再发生了吗？如果新英格兰各州从联邦分离出去，我们的本性会改变吗？如果这些州都从联邦分裂出去，南方还有充满激情的民众，在尚存的联邦内马上会出现一个宾夕法尼亚党和一个弗吉尼亚党。在不同政党精神影响下，公众也会分为两派。一个党派为了威胁另一个党派，将会与北方的邻居联手。我们可以进一步推理，如果我们把联盟缩小到弗吉尼亚州和北卡罗来纳州，那么这两个州各自的议员们也会分成两派，两个州最终将四分五裂。

换句话说，州与联邦分离并不是一剂济世的良药，不能从本质上解决问题。

1800 年 3 月，联邦党人和共和党人都忙着准备秋季的大选。杰斐逊写道："联邦党人秘密举行演说，他们在公开场合和私下里对我的态度表明，他们对秋季的选举非常恐慌。"杰斐逊指出，有几个州的情况无法准确把握，并谨慎地发表了自己的看法："上届选举中，我被骗了一两张选票，这次的情况更无法确定。"杰斐逊并未预言共和党会在选

第12章 担任副总统与竞选总统

举中取得成功,但他非常乐观,委婉地表达了共和党有望在选举中获胜这层意思。

联邦党人为了竞选真是豁出去了。他们编造故事,捏造谎言,到处攻击杰斐逊,说:"他的财产要么是骗来的,要么是抢来的。有一次,他作为遗嘱执行人,以四十分之一的价格骗取了一对孤儿寡母一万英镑的遗产。"杰斐逊向一位朋友陈述了如下事实:

> 独立战争刚开始的时候,发生过两件类似的事情。一件事情中的确有一个寡妇和几个孩子。寡妇是我妹妹,她的地产自始至终由她自己管理,我从来没有占过她一寸土地。另外一件事中,我只是作为合伙人分到自己应得的份额。从那以后,我再也没有处理过别人的私人事务,根本没有做过所谓的遗嘱执行人……我的绝大多数财产是继承来的,我自置的土地价值七八百英镑,都是从名副其实的绅士手中买来的,与孤儿寡母毫无关系。

杰斐逊向朋友保证,自己绝没有做过别人所说的那种事情,并叮嘱道:"请你务必妥善保管我的信件,以免它上了报纸。那是一片是非之地,别人冷不防就会向我挑衅。"此乃明智之举。杰斐逊很了解联邦党人。他们觉得选举中不是杰斐逊的对手,无论于公于私都对杰斐逊深恶痛绝,恶意十足。看到选举中毫无取胜的希望,联邦党人便肆无忌惮地搞人身攻击。

选举的日子一天天来临,联邦党人心灰意冷,感到前途未卜。内讧使联邦党分成了两派。他们互相敌视,互相嫉妒,自然不能齐心协力一致对外。约翰·亚当斯造成的党内分裂无法弥合,国会也不可避免地受到影响,变得四分五裂,内讧不断。共和党人在选举中占尽先机,令人羡慕。一切都预示着联邦党人既定的败局。1800年秋天之前的民意调查显示，在选民数量上，共和党人要比联邦党人占很大优势。联邦党领导人能力卓越，影响力大，能够长期保持联邦党的统治地位。共和党人已彻底团结起来，热情高涨，信心十足。他们发现联邦党内部不和，更加欢欣鼓舞。选举中的纪律和组织选民的工作需要一段时间才能完善，这副重担落到了杰斐逊一个人的肩上。在纽约，杰斐逊只有阿伦·伯尔一个能干的副手。他们制定了良策，化解问题于无形之中，取得了显著成效。民众都愿意支持共和党，准备在选举中为共和党投票，形成了一股不可抗拒的力量。完成这一壮举后，杰斐逊顿时声名鹊起，被认为是美国最有能力的领导人。杰斐逊认为，自己真诚地信任社会底层三分之二的民众，本能地忠诚于他们。反过来，民众也感激和信任杰斐逊。多年来，民众敬佩杰斐逊的为人，认同他坚持不懈地追求的事业，这就是杰斐逊赢得民心的秘密所在。杰斐逊已使民众牢牢地团结在一起，与选民达成一致，形成了一股不可战胜的力量，就像拿破仑·波拿巴领导法兰西共和国未经训练的民兵取得的军事胜利一样令人鼓舞。

选举中，联邦党和共和党实力上的差距显而易见，稍有点头脑的人都不会对选举结果感到惊讶。联邦党人曾想撤回约翰·亚当斯几张选票，把查尔斯·科茨沃思·平克尼排到约翰·亚当斯前面来。联邦党领导人意识到联邦党的处境比较危险，及时避免了这种愚行。共和党内部也有危险，为了防止两名候选人出现势均力敌的局面，一些共和党人可能选择弃权。1800年12月15日，杰斐逊写道："出于礼貌，我在竞选中的表现并不积极。我从来没有问过别的党众，为了不让一半共和党人失望，党内是否已经做出安排去阻止选民们故意放弃选票。我相信，党内已经做出了这样的安排。"尽管如此，共和党人还是出现重大失误。就像选杰斐逊任副总统时一样，杰斐逊事先特地警告过一些问题不可以出现，结果还是出现了。选举结果令人难以置信，杰斐逊与阿伦·伯尔

第12章 担任副总统与竞选总统

旗鼓相当。投票过程中，两党都没有浪费任何力量，投票结果为：杰斐逊七十三票，阿伦·伯尔七十三票，约翰·亚当斯六十五票，查尔斯·科茨沃思·平克尼六十四票，约翰·杰伊一票。杰斐逊和阿伦·伯尔所得票数相等，无疑要在众议院进行再次投票。

这段时间内，杰斐逊和美国民众一样焦急。从众议院的人员组成来看，共和党人不能控制投票结果，联邦党人更不可能控制投票结果，但联邦党人可以牢牢团结在一起阻止选举。联邦党这样做无疑会犯下重大的政治罪行。1800年12月15日，杰斐逊写道："几个雄心勃勃的联邦党人已经表明了他们的决心……阻止众议院做出选择……要让政府把权力移交给参议院议长。"

面对这种威胁，"共和党人个个精神沮丧，联邦党人却沾沾自喜。联邦党人公开宣布……将临时任命参议院议长代理总统职务，并称这是宪法的延伸解释"。一些联邦主义者还断言，宁愿处于无政府状态，也不能让杰斐逊成功当选。1800年12月31日杰斐逊写道："现在困难重重，我们不知道结局会怎样。联邦党人……打算阻止众议院选举，让首席大法官约翰·杰伊或者国务卿约翰·马歇尔制定方案，将政府权力移交给参议院，或者暂时由国务卿代理总统职务至1801年12月。这样联邦党就可赢得一年的时间来伺机占据优势。共和党人建议加快选举进程，如果选举不能继续进行，共和党内的两名品德高尚的候选人一定会达成一致，阻止解散政府，防止出现无政府的危险状态。这只是万般无奈的下策，但也比让立法机构攫取民众的权利，任命政府首脑要强。"危机过后，杰斐逊解释道："首先，如选不出总统，联邦政府就会像钟表一样停止运转。我对这样的发展前景感到无比慰藉。没有政府就不会有动武的念头，更没有动武的理由。国会中的共和党成员将邀请实质上的总统与副总统，在八周内举行会议，修改宪法中的缺陷，让宪法发挥更大的效力。"杰斐逊之所以能够如此平静、举重若轻描述一件可怕而

阿伦·伯尔

约翰·马歇尔

危险的事，是因为此时真正的危险已经过去，自己登上总统宝座已经两个多星期了。对国家来说，最幸运的是杰斐逊和朋友们没有被迫做出违背宪法的事。全国民众在看着他们，强大的联邦党中有少数勇敢的领导人一直敌视他们。有人放出威胁性言论，如果真要计划让约翰·杰伊或约翰·马歇尔代理总统，就要用武力解决此事。如果大打出手，这个刚刚诞生的国家处境将会更加糟糕。杰斐逊写道："联邦党人想将政府交到国会官员手中，但没有法律依据，他们无法阻止选举。最好彻底公开表明我们寸步不让，绝不向这种篡夺政府权力的做法屈服，一天也不行。一旦有这样的法案通过，中部的一些州可能会武装起事。我们宣布要召开大会改组政府，联邦党人对我们公开宣布计划的做法大吃一惊，对'大会'一词感到很恐惧。"杰斐逊的有些话自相矛盾。他总是被热情所左右，解释问题时只考虑说话时的目的和情感。如果"中部一些州会武装起事"的严重威胁使联邦党人忧心忡忡，那么杰斐逊就不应该沾沾自喜地说"没有武力的念头，也没有任何使用武力的理由"。这看起来有点虚伪。杰斐逊无时无刻不想为自己的政党和政治信仰增光添彩。

也许是担心出现上述后果，也许是由于联邦党的领袖们恢复了良知和爱国情怀，他们除了心中不快之外，再也没有什么过分之举。众议院投票开始之前，联邦党人计划要让杰斐逊落选，以满足他们的期望。虽然选举人不能标明哪一票投给总统，哪一票投给副总统，但是大家都知道，共和党人都一致赞成杰斐逊当选总统。事实上，阿伦·伯尔也不是共和党人的第二总统人选。只是考虑到时阿伦·伯尔当时的影响力，共和党人毫不犹豫地决定让他担任副总统。联邦党人根本不管这些事，对杰斐逊既恨又怕。共和党人却无比信任和爱戴杰斐逊。若想让杰斐逊落选，成功的希望只有一半。许多联邦党人看到约翰·亚当斯被击败后很高兴。虽然联邦党人并不希望共和党人获胜，但他们中间一部分人心甘情愿地接受共和党候选人成功当选，对自己党派内的事不怎么感兴趣。

第 12 章 担任副总统与竞选总统

联邦党内部,反对约翰·亚当斯的人想借此机会报复他,不再与共和党人对抗。由于联邦党人不可能把共和党分成两派,而与其中一派联合,所以他们没有立刻实施自己的计划,这让共和党人喜出望外。这时幸运地出现了一股强大的力量。亚历山大·汉密尔顿挺身而出支持杰斐逊当选美国总统。在亚历山大·汉密尔顿的影响下,共和党人才免受联邦党人带来的耻辱。亚历山大·汉密尔顿像往常一样,仍竭力行使自己的权力。这次选举中,最初很少有人听他的,但他那神奇的力量又像过去一样发挥了作用,许多联邦党人开始支持杰斐逊,这是美国历史上的一件怪事。亚历山大·汉密尔顿是伟大的联邦主义者。他支持杰斐逊绝对是出于对国家的责任,而不是向杰斐逊表达善意。也许杰斐逊根本不会感激亚历山大·汉密尔顿对自己的支持。当然,杰斐逊一点儿也不会反对亚历山大·汉密尔顿这么做。1801年2月17日,投票进行到了第七天,人们的焦虑终于结束了。长期的焦虑使杰斐逊和美国民众都感到心情沉重。佛蒙特州联邦党人代表缺席,来自马里兰州的两名联邦党人投了空白票。十个州全票支持杰斐逊,所投票数足以让杰斐逊当选总统。杰斐逊高兴地说,在选举中没有人改变立场,联邦党人中也没有人叛党变节,而是采取了更合适的做法——弃权。同时,宪法也经历了从未遇到过的严峻考验。为了避免选举中再发生这种危险情况,国会马上修订宪法。修正案规定,以后选举中,总统和副总统分开投票,选举人应在投票中指明所选的总统是谁、副总统是谁。

联邦党作家们声称,宪法中这些"条款"是杰斐逊为了当选总统事先加上去的。这些人有意让杰斐逊的所作所为蒙上污点。他们的论断毫无证据,没什么可信度。1801年2月15日,杰斐逊说:"我已经明确地宣布,绝不会作茧自缚,为了当总统而放弃自己的原则。"杰斐逊绝不会做这种事,因为他不是那种禁不起诱惑的人。据杰斐逊一个朋友陈述,如果当选总统,杰斐逊并不打算推翻过去十二年中联邦党人所制定的重要法律，也不会开除在政府供职的联邦主义者。朋友的陈述清楚地表明了杰斐逊的真实意图，给联邦党人带来了安慰联邦党人对杰斐逊的害怕已达到荒唐的地步。选举过程中，杰斐逊两袖清风，受人尊敬，也经历了艰难险阻。杰斐逊当选总统是理所当然、众望所归的事。

相比之下，阿伦·伯尔的表现很糟糕。他违背了共和党人共同的愿望，想通过与联邦党人联盟的卑鄙手段来获得总统职位。政治生活中，很难想象对别人信任的背叛是多么恶劣的行为。事实表明，阿伦·伯尔个人野心膨胀，完全不顾共和党的大局。他或许能以公开宣传党的意愿为理由替自己辩护，为自己的行为开脱。与杰斐逊相比，阿伦·伯尔因失信显得更加可鄙。慢慢地，所有明智之人都开始厌恶阿伦·伯尔。阿伦·伯尔本来特别需要朋友们的支持，但在总统职位的诱惑下，他的所作所为使正直之人都离自己远去。杰斐逊一直对阿伦·伯尔很真诚。众议院投票之前，杰斐逊就写信给阿伦·伯尔说："我们可以预料，敌人会设法挑拨我们之间的关系，设法将我们和我们的朋友分开。我想你一定会提防此事，我对此也格外警惕。"无论是出于政治上的考虑还是对他个人的考虑，杰斐逊都反对党内纷争。杰斐逊信任阿伦·伯尔，对他充满善意，但阿伦·伯尔却辜负了杰斐逊，不顾一切地成为杰斐逊的竞争对手。姑且说这是人之常情吧。

第 13 章

温和的执政与卡伦德的诽谤

精彩看点

即将下野的联邦党人——总统就职仪式——过度的简单朴素——梅里先生的不满——乌托邦式的和谐——两党建立了共同的原则——新英格兰的复兴——对联邦党人的宽容——官员免职——卡伦德的诽谤

1801年3月3日是联邦党人执政的最后一天。当天晚上，联邦党的官员们忙碌地干了一些不太体面的事情。约翰·亚当斯总统忙着提名联邦党人担任各种官职，参议院马上确认他的提名，国务卿约翰·马歇尔则热情地迅速签署任命状。午夜的钟声响起，将要出任司法部长的李维·林肯戏剧性地拿着杰斐逊的手表走进约翰·马歇尔的办公室，要求十二点钟务必完成办公任务。这时桌子上还有许多没有签完的任命状。联邦党人的行为的确不太光彩。杰斐逊曾郑重承诺，执政后不会影响以前在政府任职的官员。联邦党人公开宣称相信杰斐逊的承诺，却在下野之前大量安排自己人担任各种要职。约翰·亚当斯觉得，看到第二天新总统任职时的壮观场面后，自己有失脸面，于是连夜驾车黯然离开了华盛顿。某种意义上，这种"壮观"场面倒值得一看。杰斐逊坚定地践行民主，决不会像"君主主义者"一样在就职活动中讲排场。翌日，杰斐逊刻意身穿便装，屏退侍从，骑马来到国会大厦，下马后亲自将马拴在栅栏上，信步走进参议院议事厅。杰斐逊的就职演说文采飞扬，字里行间流露出无限的博爱情怀。杰斐逊滔滔不绝的高谈阔论向人们传达了他坚定的信念。他的就职开启了人类发展历程中一个辉煌的时代。演讲结束后，杰斐逊在最高法院首席大法官的见证下宣誓就职。简单的就职仪式就这样结束了。

杰斐逊一向对招摇过市的做法嗤之以鼻。执政生涯中，杰斐逊始终保持自我克制，从不炫耀。有时这种谨慎的克制有点过头，反而显得自命不凡，矫揉造作。英国驻美国公使梅里先生来任职时"身着官服"，和国务卿詹姆斯·麦迪逊先生一起到总统官邸面见杰斐逊总统。梅里对当时所看到的一切很震惊，做了如下描述：

> 会议室内空无一人，詹姆斯·麦迪逊似乎也有点吃惊，于是径直向总统的书房走去。我跟在他后面，心中猜度着，莫不是总统要在书房隔壁的房间与我见面吧。詹姆斯·麦迪逊走进了另一个门，总统就在一间刚能容纳三个人的房间内。为了腾出一点儿空间，我不得不退出房间。当时的场面很尴尬，詹姆斯·麦迪逊向总统介绍了我的情况。后来，我从杰斐逊的言谈举止中得知，杰斐逊在这种地方接待我并非出于偶然，而是有意安排。接待过程中，我穿着官服，杰斐逊作为美国总统却身着便装，而且还穿着拖鞋，脚后跟露在外面。他的男式马裤、外衣和贴身衣物都显得不修边幅，一副邋遢样，好像故意穿成了这样。

杰斐逊常常将简单朴素看作原则问题。实际上，朴素和形式化的仪式各有千秋，只是个人虚荣的不同表现形式而已。在外交场合，过度的朴素除了有点装腔作势之外，还会造成严重不良的影响。这位英国来的公使十分不满。他认为，整个场面都是提前安排好的，这样的接待方式不是对他个人的侮辱，而是侮辱了英王乔治三世。杰斐逊的目的并不是取悦梅里先生或乔治三世，他的衣着和举止都符合自己选民所在的社会阶层的标准。就像一个技艺超群的演员知道自己的观众喜欢什么一样，杰斐逊也能准确把握自己选民们的嗜好。

李维·林肯

任副总统时，杰斐逊曾说："当副总统既体面又轻松，总统虽气派却很痛苦。"从以上轶事中可知，杰斐逊根本不讲排场，常常苦中作乐。国内外一致认为，杰斐逊执政期间美国变得平静而繁荣。当时共和党处于执政地位，杰斐逊清楚地预见，未来许多年里，共和党会继续兴旺发达。杰斐逊的思想和言行洋溢着博爱和善意。他认为，政府应该温和、理性、仁慈，远离邪恶的专制。如果美国政府是一个动物园，杰斐逊就是那里的管理者。他要让联邦主义的"狮子"们安静地躺在共和党的"羔羊"中间，极少数不可救药的"君主主义者"必须像蛇一样安全地关在他们自己设计的牢笼之中。杰斐逊说："在共和党执政期间，我希望联邦党和共和党能够精诚团结。因反对法兰西共和国而加入联邦党的人可以重新加入共和党。纯粹的君主主义者人数较少，掀不起什么风浪。"杰斐逊的就职演说辞藻华丽，真情洋溢，他宣称："我们是秉持相同原则的兄弟，只是名字不同，我们都是共和党人，我们都是联邦党人。我们虽然观点不同，却没有原则上的分歧……因此，让我们鼓起勇气，满怀信心，追求我们自己的联邦和共和原则，共同向联邦奉献我们的忠诚。"

杰斐逊的讲话中不再区分共和党和联邦党，力求建立一个和谐的联盟。就职前两周，杰斐逊认为某些联邦党人在选举中的行为就像是在"宣战"，"但他们让我们看到全体联邦党人一边向人们警告解散政府的危险性，一边像对待自己的孩子一样焦急地关注着他们所反对的新政府"。几天后，杰斐逊谈到联邦党人时说："除个别的领导人之外，联邦党人和共和党人站在了一起，对政府有感情也有信心。如果政府一开始就不做令联邦党人伤心的事，不抛弃他们，他们就会对政府产生好感。不久大家就一定会紧密团结在一起。"1801年3月14日，杰斐逊说："许多因欧洲革命而陷入恐慌的民众已恢复正常。民众的情绪彻底恢复正常后，党内就不会有大的分歧。联邦党的领导人们还没能和我们站在一起，可现在他们已是孤家寡人。"

第13章 温和的执政与卡伦德的诽谤

　　杰斐逊是位政治空想家，乌托邦式的和谐社会是他的理想之一。杰斐逊眼光敏锐，精神乐观。依他看来，全国大多数人都会成为共和党人，并长期占据优势，处于执政地位，从而出现民众所期望的局面。作为政治家，杰斐逊预见将来的政治形势肯定如自己所愿，也由衷地希望共和党人胜利地走向这样的未来。这种毫无半点自私和恶意的喜悦清楚地表露了杰斐逊的可敬之处和爱国情怀。杰斐逊为民众感到高兴，而不是个人在沾沾自喜。他并不是因为当了总统而高兴，真正让他快乐的是联邦党和共和党建立了共同的原则。1801年8月26日，杰斐逊写道："执政期间，我一定要让国家成为统一的整体。"为了这个崇高的目标，杰斐逊全力以赴。他说，联邦党人"发现自己与以前的领导人划清了界线。如果共和党人没有过激的行为，将联邦党人当作自己的新朋友，不要让他们的感情受到伤害，过不了多久，联邦党人将会与共和党人团结一致。我们的国家也将恢复和谐团结的局面，这是我们所能得到的最大好处"。

　　面对伟大的事业中取得的种种成功，杰斐逊兴奋不已。杰斐逊认为新英格兰一直是极端联邦主义的大本营，像一个政治黑暗的王国。1798年6月1日所写的信中，针对州与联邦分离的蠢行，杰斐逊写道："如非要找人争论，我宁愿留住我们新英格兰的同胞，不愿看到我们的争论转移到别人身上。新英格兰的同胞们受到种种限制，人口密度很大，但人数并不多。他们被认为像犹太人一样，性格异常乖戾。这种情况下，联邦党和共和党自然会分裂。"1801年5月3日，杰斐逊说："罗德岛的复兴是一件值得庆祝的事情。我希望新英格兰真正的精神开始复活，新英格兰将永远强大起来。罗德岛之后，佛蒙特州将会摆脱神权政治的枷锁。"杰斐逊认为，新英格兰民众的思想不断进步，真是让人喜出望外。新英格兰的传教士们常干涉政治。杰斐逊认为这些谙熟教义的人是最危险的敌人。杰斐逊说："神职人员们并无怜悯之心，将救世主钉在十字架上。现在律法禁止他们杀人,但无法禁止他们的谎言和诽谤。尽管这些人阻挠了共和思想,常常误导民众,可不久之后,马萨诸塞州一定会信奉共和。"担任总统一年后,杰斐逊说:"共和党在众议院占据多数席位,获得二比一的优势。在参议院,共和党获得十八比十五的优势。再进行一次选举之后,共和党人在参议院也将形成二比一的优势……联邦党人坦率地承认他们从此一蹶不振。"杰斐逊很机智地补充道:"共和党现在如此强大,肯定会再次分裂,但必须改用别的名称。人们对联邦主义者没有好感,若用"联邦党"这个名称,肯定无法兴旺发达。"

杰斐逊明智而温和地进行官员任免。杰斐逊对联邦党人实行了宽大政策,但联邦党人不但不领情,反而指控他播下了邪恶的种子,称这种政策为"政党分肥制"。联邦党人在杰斐逊就职前曾大量任命官员。杰斐逊完全能够以此为借口,大规模地免去联邦党人的官职。面对联邦党人不合理的指控,杰斐逊并没有这样做。恰恰相反,他对自己的对手非常宽容。杰斐逊以后的总统中除约翰·昆西·亚当斯外,没有人能像杰斐逊一样宽容政治对手。安德鲁·杰克逊执政时期所提倡的只不过是堂吉诃德式的民主与宽容,与杰斐逊大相径庭。1801年2月14日,在回复别人的来信时,杰斐逊针对这个有趣的话题说道:"按照自己职责行事的人都不会害怕我。那些作恶的人可能无所期待,没有政治原则……自从有了共和主义者和联邦主义者之分后,共和党人在担任公职中一直受排挤。共和党人对职位的要求是合理的。他们应该在国家机关中占有足够的职位。"杰斐逊自然期待"联邦党人的良知"能够促使他们与共和党人"公平地达成一致。1800年3月3日晚上9点钟,共和党人举行了执政前第一次会议。联邦党人霸占了几乎所有的职位,可始终没有人承认……现在看来,共和党人完全应该填补可能出现的空缺,实现两党任职中的平衡"。

第13章 温和的执政与卡伦德的诽谤

问题的关键不是如何填补空缺,而是怎样让一些职位空出来。坦率地说,摆在杰斐逊面前的问题是按照常规等待在职官员死亡、辞职或任期届满,还是勇敢地将大批官员免职。若要免职,被免职的必须是那些渎职或不称职的官员,数量不可太大,而且要逐步进行。将联邦党内不称职的官员清理干净毫无不妥之处。杰斐逊说:"1800年12月12日,选举结果已经揭晓。约翰·亚当斯先生快马加鞭,在联邦各部门任命了许多联邦党人。该工作一直持续到他卸任当天晚上十二时。别人看来,约翰·亚当斯并不是为自己任命官员,而是为继任者代劳。因为关乎国家大事,这种冠冕堂皇的做法使人敢怒不敢言。我认为约翰·亚当斯十二月以来所做的任命全都无效。"当然"官方的不当行为"也可以作为免职的理由。"那些称职、勤勤恳恳工作的人自然不能免职,因为没有拒绝他们的理由。虽然政治原则不同,可他们在尽一个公民应尽的义务。"杰斐逊唯一想免职的是"法院的执行官和检察官"。杰斐逊认为,法院是"联邦主义者坚定而不可撼动的大本营。共和党人担任执行官和检察官后,才能进一步进入法院,才能保护公民中的共和党人"。司法部门的确既诚实又能干,共和党人也有充分的理由埋怨和不信任司法部门。最高法院有权解释新宪法,政治上的重要性与政府不相上下。然而,当时美国几乎所有法院的法官、地区检察官和执行官都是联邦党人,而且不可否认,他们大多都是党派主义者。联邦党在国会额外设立了一些席位,由约翰·亚当斯先生的得力朋友们所占据。杰斐逊上任后不久,共和党人就在国会废除了这些额外的席位。其他法院却不能用这种办法,那些执行官和检察官的职位只能通过免职才能空出。司法部门体系庞大、牵扯面广。杰斐逊认为,共和党有充分的理由在司法部门占有一席之地。杰斐逊将官员的渎职和不称职作为免职的依据,无疑引起了一种极端的倾向。人们开始相信证据不明的可疑指控。"挑选陪审团"就是常见的一种。这就像是披着体面的外衣,指控一些实质上并不该受谴责的事情。

杰斐逊制定了官员免职的原则,以书面形式发布,并在实践中贯彻执行。杰斐逊宅心仁厚,本不愿免去任何人的官职,也坚决反对强行免职。过了一段时间后,杰斐逊也慢慢地懂得运用权力,强行将那些表现十分恶劣的官员免职。杰斐逊说:"免去别人职务是一件痛苦而糟糕的差事。许多人对我恶言相加,蓄谋激怒我,将联邦主义者们统统革职。"最后,杰斐逊将不再受人拥戴,联邦主义者也会认为杰斐逊迫害他们,共和党人与他们达成的和解也将付诸东流。杰斐逊说:"我根本没有激情来履行这令人讨厌的职责,更没有半点儿快乐可言。"执政两年后,杰斐逊写道:"国会第一次会议结束时,十六位官员因违反政治原则被强行免职。若不是有人违法乱纪,我也不会下决心免去任何人的职务。国会第一次会议结束到第二次会议结束后,又有九人被免除职务。前后加起来共有二十五人因违反政治原则被免职,为共和党人腾出了职位。"1804年3月3日,杰斐逊对一项免职的原则做了说明:"决不赞成公开反对国家意志的人担任公职"。当然也拐弯抹角地指出,敌视执政党的人也不能担任公职。令人敬佩的是,杰斐逊的确没有违背他开始执政时所确立的原则。他以莫大的勇气和真诚留任了大量在职官员,而这些官员所在的党派一直在排斥共和主义者。如果当时执政的是联邦党而不是共和党,联邦党的领导人决不会像杰斐逊一样做出承诺。众多免职的官员中就有担任波士顿银行破产专员的约翰·昆西·亚当斯。联邦主义者认为这明显是在公报私仇。后来,杰斐逊写信给约翰·亚当斯夫人,对她的指责做了清楚的答复。杰斐逊为了腾出空职位而免除官员时,并不知道约翰·昆西·亚当斯当时所任何职。

选任官员很重要,也很困难。杰斐逊痛苦而谨慎地推进此事。他说:"我并不急着做出任命,没有比这更难办的差事了。很有必要了解预任官员的特点,但这种了解十分有限。"于是,杰斐逊请自己信任的朋

第13章 温和的执政与卡伦德的诽谤

友提供信息。不过,杰斐逊也难免有犯错误的时候。一位老迈无能的撒母耳主教出任了纽黑文市的收税官。别人对杰斐逊的攻击接踵而来。杰斐逊却辩解该任命无可挑剔。杰斐逊从不将一个官员过去的政治表现作为推荐任职的标准。他也会怒斥那些存心干预政治的联邦党官员。1801年2月2日,杰斐逊写道:"今后无论是州政府还是联邦政府的官员,只要干涉选举,统统免职。在联邦政府内,宪法救济受到限制,选举中根本无济于事。"后来,杰斐逊将"干涉选举并公开反对当前政府"列为官员免职的原则之一。杰斐逊所规定的免职原则对联邦党人和共和党人一视同仁。1804年9月,杰斐逊对财政部长艾伯特·加勒廷说:"联邦政府的官员严重干涉选举,我们应私下里告诫他们,还是将他们的行为公之于众……"

杰斐逊对联邦党在职的官员也算得上仁至义尽了,但联邦主义者并没有在报纸上大书特书杰斐逊的善行。偏偏这时候詹姆斯·汤姆森·卡伦德①编造了荒唐的故事,恶语中伤杰斐逊。这个令人讨厌的家伙出生于苏格兰,因写了一本《大不列颠政治演变》的小册子而被起诉,后来逃到美国避难,成了共和党的"笔杆子"。起初,杰斐逊认为詹姆斯·汤姆森·卡伦德很能干,对别人的攻击粗俗而猛烈,善于毫无顾忌地谈论一些身居高位的人们不愿意让别人提及的隐私。就品德而言,詹姆斯·汤姆森·卡伦德是个地地道道的可鄙之人,完全不顾忌别人的尊严和面子。就是他发现了亚历山大·汉密尔顿与雷诺兹夫人的恋情,并通过卑劣的手段将取得的证据公之于众。他还写了一些下三烂的文章攻击乔治·华盛顿。他的所作所为真是有点居心叵测,不可饶恕。詹姆斯·汤姆森·卡伦德能力平平,只会粗鄙地指责并侮辱他人。如细作分析,他就是个无

---

① 詹姆斯·汤姆森·卡伦德(1758—1803),美国著名的政治作家和报纸编辑,曾发表一系列文章诽谤杰斐逊,宣称杰斐逊和奴隶莎莉·赫明斯生了孩子。——译者注

知的白痴。他的讽刺水平极其低下。人们常以为他是一个喝得烂醉如泥，写低俗文章的政治雇佣文人。杰斐逊说，自己打心眼里讨厌这位党徒。詹姆斯·汤姆森·卡伦德几乎成了人人憎恨的害群之马。杰斐逊也曾三番五次地让他停止这种卑鄙的做法。不知出于什么原因，杰斐逊时不时地给詹姆斯·汤姆森·卡伦德一些钱，接济他的生活。杰斐逊认为，这是因为自己心肠太软。联邦主义者们则指责杰斐逊，说他内心之中对詹姆斯·汤姆森·卡伦德的工作很满意。

约翰·亚当斯执政期间，依据《客籍法和惩治叛乱法》，十个有罪之人被捕入狱，并处以罚款。詹姆斯·汤姆森·卡伦德便是其中之一。杰斐逊执政后，赦免了他们的牢狱之灾，退还了罚款。联邦主义者称这是"滥用权力"。杰斐逊认为："《客籍法和惩治叛乱法》自始至终无效。国会似乎要强迫我们趴下来像尊神一样尊崇它的光辉形象。那些对国会的光辉形象有微词的人就违反了《客籍法和惩治叛乱法》而身陷囹圄，遭受磨难。国会早应废止该法，将这些人从苦难中解救出来。"尽管杰斐逊担心自己卷入纷争，但他始终坚持自己的信念，毫不逃避责任。詹姆斯·汤姆森·卡伦德之前得到了杰斐逊的慷慨资助，又受到了杰斐逊的鼓励，理应对杰斐逊感激涕零，但他不但没有半点感激之情，反而露出贪婪的本性，渴望得到更多的好处。詹姆斯·汤姆森·卡伦德刚刚被释放出狱，就迫不及待地怂恿杰斐逊将里士满邮政局长革职，任命自己担任此职。这位邮政局长是位联邦主义者，曾任过编辑。杰斐逊很尊敬他，不想撤换他。这种正直的做法并没有使世俗的人们感到良心不安，反而使杰斐逊本人痛苦不堪。要求被拒绝后，詹姆斯·汤姆森·卡伦德马上笼络了里士满《记录报》的编辑们，在报纸上接连不断地编造故事贬损杰斐逊。那些故事有詹姆斯·汤姆森·卡伦德自己写的，也有别人提供的。《记录报》本是地方上不值一提的出版物，因登了这些故事传遍了美国的大街小巷。詹姆斯·汤姆森·卡伦德猛烈的攻击虽卑鄙无耻，

第13章 温和的执政与卡伦德的诽谤

但相当有效。他说,杰斐逊过去是他的朋友,曾经向他提供资金,他们共同诽谤过乔治·华盛顿。詹姆斯·汤姆森·卡伦德主要攻击的是杰斐逊的私生活。他所写的故事可谓自取其辱,让人讨厌到了极点。这些诽谤性的故事比起对一般婚外情的指控更加骇人听闻,自然没有重提的必要。任何正派的人都不愿意涉足这些龌龊的事情。有人认为,为了实现卑鄙的复仇目的,联邦主义者怂恿了詹姆斯·汤姆森·卡伦德,与他做了一笔交易。至少这些联邦党的绅士们应该记得,他们不久前还指责詹姆斯·汤姆森·卡伦德是低俗而不可相信的骗子,何况此人还攻击过乔治·华盛顿和亚历山大·汉密尔顿。当时的记者们也捕风捉影,做了一些让人厌恶的龌龊之事。联邦党的作家们忙着从詹姆斯·汤姆森·卡伦德的诽谤故事中大量汲取素材。杰斐逊淫逸放荡的谣言在美国变得家喻

丑化杰斐逊的漫画:杰斐逊与莎莉·赫明斯

户晓。虽然事实并非如此，但杰斐逊从未试图否认这些诽谤。本指望联邦主义的历史学家们能对此做出公正的评价，没想到他们却认为杰斐逊的沉默正好证明了他的罪行。杰斐逊是美利坚合众国的总统，不可能屈服于这些诽谤和诬蔑，也无法证明詹姆斯·汤姆森·卡伦德所说的不是事实。也许我们认为，对这些诽谤最好置之不理，但当时它们严重影响了杰斐逊的心情和名声。作家们也在反复做着有损杰斐逊名誉的事情。人们心中的杰斐逊将会成为一个异常放荡淫乱之人。在当时崇尚道德、思想纯真的年代，在提倡感恩的国度，本杰明·富兰克林、亚历山大·汉密尔顿等智者贤人、爱国志士都无法容忍这种事情发生。当然，绝不是说杰斐逊不如同时代的这些风云人物。实际也没有人会这样想。杰斐逊不可能做出詹姆斯·汤姆森·卡伦德所说的事来。詹姆斯·汤姆森·卡伦德的诽谤没有一点事实根据。杰斐逊的道德操守绝对不会逊色于和他地位相同的那些人。遇到官员任免的敏感事情，无论谁任总统都会遭到类似的诽谤。

第 **14** 章

购买路易斯安那

精彩看点

不盲目崇拜宪法——密西西比河上的权利——新奥尔良港口——西班牙与法兰西的条约——"故友"变成"宿敌"——与英国交好——美国西部尚武精神——众议院长的决议——购买路易斯安——接管密西西比地区——应对联邦党人的异议——宪法修正案

杰斐逊一贯尊重宪法和法律，但绝不盲目崇拜宪法。根据自己抽象的政治理论，杰斐逊将宪法看作维持国民生计的神圣原则。若宪法束缚了国家的发展，可以按民众的意志修改或废除。国家做出重大决策时都得以宪法为准则。如果一项政策违背了宪法，却符合民众的意愿，也符合自己的意愿，杰斐逊会毫不犹豫地声称尊重宪法，但实际执行政策时又无视宪法的存在。杰斐逊也许是美国历史上唯一敢为天下先的总统。他公开声明，要谋划做一件宪法没有授权的大事。理由很简单，其一，这是一项明智之举；其二，为了国家的利益。这便是购买路易斯安那的真实写照。

多年前，杰斐逊就开始关注美国在密西西比河上的各种权益，并强调这些权益对美国极为重要。杰斐逊曾设想，在密西西比河上发展交通，将新奥尔良变成商业大都市。在当时看来，杰斐逊的确有点异想天开，但这些地方的发展不会逊色于国内其他地区。1790年夏，英国和西班牙的关系即将破裂。杰斐逊洞察秋毫，抓住时机，提出要通过谈判解决密西西比河上公开存在的矛盾。西班牙占据河口两边。美国经常对西班牙声明，不能因占有河口而影响美国船只在密西西比河上的通行权。1790年8月，国务卿杰斐逊写信给时任马德里法院的美国代表卡迈克尔，叮嘱卡迈克尔提醒西班牙驻美公使"有必要尽早彻底解决此事"。

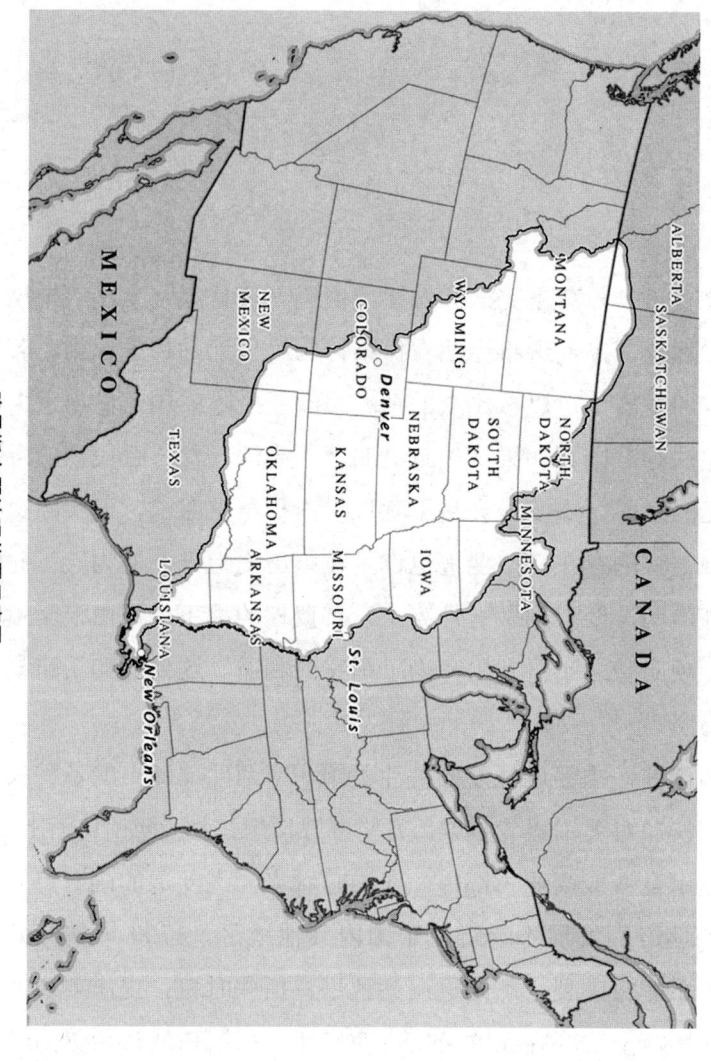

路易斯安那地理位置示意图

密西西比河沿岸风光

杰斐逊说："除非西班牙能够当机立断，一开始就做出让步，让我们完全拥有通航权，否则我们就得三番五次地谈判。"如果在一开始就做让步，那以后也没什么可谈的了。杰斐逊大胆提议，西班牙应该答应"从海、河两路来的美国船只都可停靠在港口装卸货物，雇佣的船只也可安全顺利地通行"。杰斐逊说，一定要认真对待此事，"要对得起西部民众的祖先。我们要努力以和平的方式实现他们临终前未曾实现的愿望，以告慰他们的在天之灵。他们当时很有耐心，并没有将危险强加给别人，倘若他们当时就向西班牙宣战，不知我们现在会怎样。所以我们不能忘记他们，更不能放弃他们的权利"。

几个月来，为了国家利益，杰斐逊一直以莫大的热情和坚定的意志殚精竭虑地工作，很快提出了处理港口问题的建议。杰斐逊说："西班牙应该让出该港口的所有权和管辖权，以免美国和西班牙每天纷争不断。"否则，就只能以"战争的方式解决此事了"。杰斐逊又机智地补充道："无论刚开始这里处于什么状态，大自然已经决定了新奥尔良地理位置，将它从毗邻的佛罗里达和路易斯安那的土地上分离出来，最终在两道海峡之间形成了狭长地带。"杰斐逊认为这一大胆的提议"乍一看，的确令西班牙人很不愉快，不过不会对西班牙带来任何危险，因为这里是西班牙领土的一部分，是西班牙人重要的居住地"。杰斐逊又高兴地表示"如果西班牙人了解事情的来龙去脉，就会理解我们的提议"。事实证明杰斐逊说的完全正确。杰斐逊以高超的外交手段和惊人的毅力使西班牙人明白了事情的"来龙去脉"，并让西班牙国王了解了美国人的"想法"。1795年，西班牙在谈判中做出让步，同意与美国签订条约。美国取得了在新奥尔良港口为期三年的自由通航权。三年之后，西班牙将给美国划拨同样方便的港口。尽管杰斐逊离开国务卿的职位之后该条约才成功签订，但最终的功劳非他莫属。杰斐逊任国务卿时国内对西班牙有抵触情绪，许多人暗地里给他制造障碍。西班牙驻美公使觉得美国

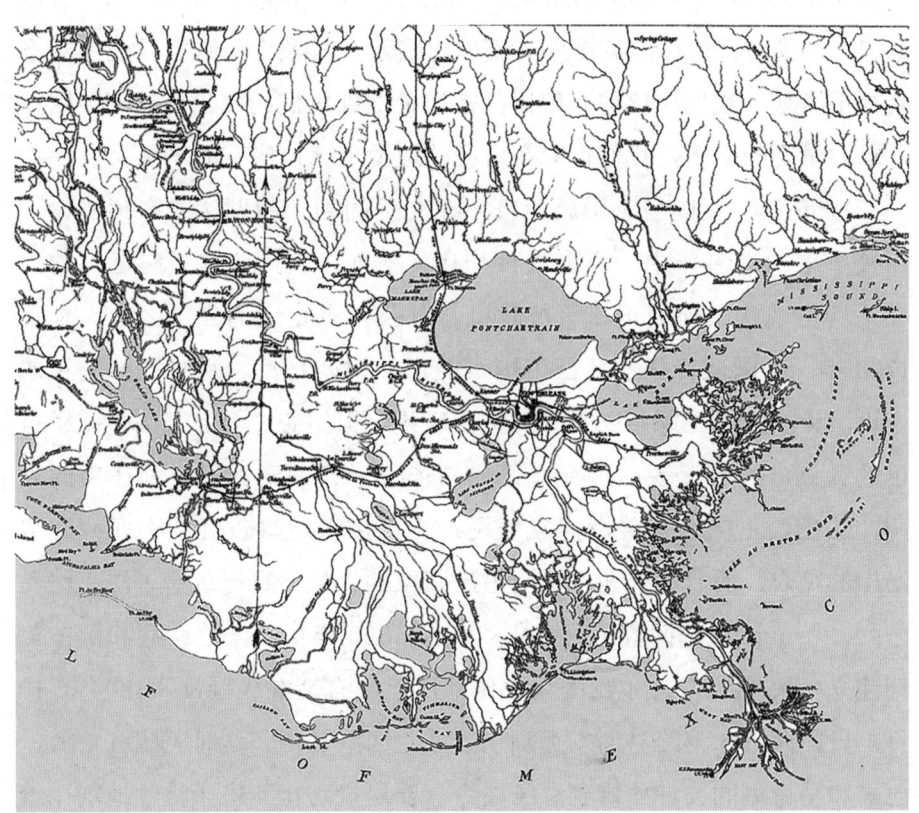

新奥尔良地区

对密西西比河的态度尚不明朗，没有立即答应杰斐逊的要求。事实上，是杰斐逊的政治智慧促成了该条约的最终签订。

世间有许多机缘巧合。几年以后，该条约以詹姆斯·门罗的名字命名。在一段时期内，人们都认为一旦英国与西班牙反目成仇，英国便会支持美国占领西班牙在北美的领地。杰斐逊写信给古弗尼尔·莫里斯[①]："我们希望你向英国外交部做出暗示，在领土问题上我们绝对不会袖手旁观。我们应该提高警惕，密切关注邻居们的变化。欧洲各国在寻求力量上的平衡，我们也应在自己的边境上获得应有的平衡。"

1795年，美国与英国就西班牙在北美的领土问题达成多项协议，在接下来的许多年中一直在发挥作用。然而，美国一些更有远见的人并不满足现状。他们正在等待时机，以获得更稳定的立足之地。早在1790年，美国就怀疑法兰西王国可能占领墨西哥湾。那时杰斐逊正想方设法让法兰西王国帮助美国对抗西班牙，很担心法兰西王国泄露了自己的计划。杰斐逊说："莫斯蒂伯爵埃伦·弗朗索瓦·埃利在美国表明，法兰西王国会在美洲建立殖民地，直接将此事告诉了密西西比河沿岸的民众，而且将密西西比河沿岸获取的大量信息提供给了法王路易十六。"该计划被搁置了好几年。直到1800年初，法兰西共和国在美洲建立殖民地的传言才在民众中传播，但没有造成大骚乱。1800年10月1日，西班牙将路易斯安那割让给法兰西共和国。这时美国驻伦敦、巴黎和马德里的公使才接到总统训令，要尽量防止西班牙将领地割让给法兰西共和国。西班牙割让路易斯安那给法兰西共和国的条约早已签定，一切为时已晚。该条约签定后一直没有对外公布，直到1802年春天，美国人才知道事情的真相。杰斐逊当时非常懊恼，因为他最清楚该地区

[①] 古弗尼尔·莫里斯（1752—1816），美国政治家、开国元勋和外交官，曾任美国驻法大使，1787年参加美国制宪会议，美国宪法签署人之一。——译者注

第14章 购买路易斯安那

对美国有多重要。原本属于弱国的这块风水宝地转眼到了强国手中，杰斐逊有点儿寝食难安。

如果抛开总统身份，仅从个人的角度出发，杰斐逊大可不必如此踌躇满志，并且可以避免联邦主义者的猜疑和尖刻的指责。联邦主义者说，杰斐逊更热爱的是法兰西共和国而不是美国。可是权衡两国民众之间的利益，想到以后两国可能产生的冲突，杰斐逊纯粹的爱国之情顿时显现出来，对法兰西人的同情瞬间化为无奈的遗憾。从国家利益考虑，法兰西共和国已从"故友"变成"宿敌"。1802年4月18日，杰斐逊写信给驻巴黎的罗伯特·R. 利文斯顿[①]说：

> 西班牙割让路易斯安那和佛罗里达给法兰西共和国，对美国影响很大。国务卿已写信向你详细说明了该问题。我觉得此事关系重大，不禁向你再次提起，因为它使美国所有的政治关系发生了逆转……普天之下只有一个地方，谁拥有它谁就扼住了我们的咽喉，就是我们的宿敌，这个地方就是新奥尔良。法兰西共和国和美国对这里都很敏感，难以长期保持友好关系……如果法兰西共和国占领新奥尔良，一切将不可挽回。我们现在要将目光放长远一点，提前做出安排。法兰西共和国占领新奥尔良之日，就是我们与英国联合之时。英美两国倘若联手，其舰队便可控制整个大西洋。

杰斐逊自愿向英国抛出橄榄枝，别人听来都不敢相信自己的耳朵。多少年来，杰斐逊都认为与英国交好是难以容忍的事情。杰斐逊十分认

---

① 罗伯特·R. 利文斯顿（1746—1813），美国《独立宣言》五人起草委员会成员之一，美国第一任外交部长，在美国购买路易斯安那时起了关键作用。——译者注

真地对待此事。他的信写得情真意切,显然是心潮澎湃时所写。杰斐逊总能在失望中找到乐观之处,在愤怒之时也不乏老练。他说:"尽管我们曾表明无意冒犯法兰西共和国,也不会对他们造成威胁,但法兰西督政府如果看出我们想与英国交好,后果难以设想。"像往常一样,杰斐逊将希望寄托于时间。他说,法军要想接管路易斯安那,就得先征服圣多明戈。杰斐逊自信地说,征服圣多明戈需要相当长的时间,还得消耗大量的兵力。杰斐逊希望利用这段时间再做一做法兰西督政府的工作。1802年10月,西班牙割让新奥尔良的消息传出几个月后,西班牙驻新奥尔良总督就发布了一项法令,取消了美国在该港口的存栈权,美国不得在新奥尔良港口存放货物。真是"屋漏偏逢连夜雨,船迟又遇打头风",杰斐逊的希望一点点化为泡影。顿时,美国西部大地上

法军攻打圣多明戈

第 14 章 购买路易斯安那

的好战者们怒火冲天。他们把枪挂在壁炉上方或放在门后面，随时做好开战准备。他们极力主张直接向新奥尔良进军，用武力解决一切问题。杰斐逊感到惴惴不安，怕自己设想的计划受到严重干扰。杰斐逊认为战争是万不得已时才能采取的手段，但这种明显的尚武精神或许有助于外交活动顺利开展。杰斐逊也担心擦枪走火的事情发生。在美国西部，人们陷入了爱国热情无法自拔，很有可能会破坏杰斐逊的计划。杰斐逊很同情这些愤怒的同胞们，对他们毫无怨言。

杰斐逊最烦恼的就是联邦党人。联邦党残余势力看到杰斐逊与法兰西共和国的矛盾激化，觉得重新掌权的机会来了。他们不顾国家利益，大声疾呼，要求立即开战。1803年1月13日，杰斐逊描述了当时的情况：

> 民众思想的骚动……达到了极端。西部大地上的民众绝对没有不良动机。为了能增加商业的利润，住在港口的人们渴望战争。国会议员中联邦主义者的目标是伺机迫使美国参与战争，扰乱美国的财政周转。如果这个目的能够达到，联邦党人就可乘机拉拢西部广大民众，与他们联合起来，重新掌权。在西部，到处都是民众签了名的抗议书和请愿书。

联邦党人早已衰败，成为小的派系，而且内讧不断，根本无法击败杰斐逊。全国上下都对杰斐逊充满信心，而且国会中多数人都支持他。

在众议院，约翰·伦道夫有点飞扬跋扈地领导着大多数人，不假思索地对杰斐逊言听计从。1802年下半年，约翰·伦道夫带领众议院议员召开秘密会议，与联邦党人针锋相对，给杰斐逊总统创造私人通信的机会，并就此进行立法。在1802年冬天的几个星期内，所有公开和私下里进行的工作对政府来说有百益而无一害。联邦党人表现出莫大的愤怒和热情，想赢得西部民众的支持。他们提出决议，旨在阻止事情和平解决，但众议院多数议员否决了他们的提议。最后，整件事情都交给杰斐逊决定。众议院又给杰斐逊提供了二百万美元的资金，供他酌情使用。

当时杰斐逊的计划是购买新奥尔良以及密西西比河以东的地区。杰斐逊更像是一个文明的商人，认为自己采用的方案更便宜、更明智、更人性化。他要购买的是这一片土地上的收费权，而不是要通过战争去占领这里并取得它的地役权。这二百万美元要用于贿赂法兰西共和国那些德高望重的立法者中一些有影响力的人，为下一步计划铺平道路，因为这些人像国王一样拥有权力。杰斐逊让巴黎的罗伯特·R. 利文斯顿率先行动起来，但这位公使在没有了解杰斐逊的真实目的之前就表达了与杰斐逊截然不同的观点。罗伯特·R. 利文斯顿告诉法兰西督政府，只要航行权和存栈权不受干涉，美国根本不在乎在密西西比河河口的邻居是法兰西共和国还是西班牙。后来罗伯特·R. 利文斯顿改变自己的说法，就购买路易斯安那的问题展开谈判。西部民众和联邦党人对罗伯特·R. 利文斯顿缺乏信心。为了让他们安心，也为了在西部民众和联邦党人面前展示自己的力量，杰斐逊特地选派了一位特使。杰斐逊总统用白纸黑字写成的外交训令明确提出了要完成的任务。这是一份难办的差事，还存在一定的风险。詹姆斯·门罗弗吉尼亚州长的任期刚刚结束。杰斐逊认为詹姆斯·门罗是最佳人选。1803年2月11日，杰斐逊任命詹姆斯·门罗为法兰西特使。该任命很快得到国会的认可。联邦党人也提了不少反对意见。他们声称，法兰西共和国出现财政困难，杰斐逊只是想借此机会帮助自己政治上的朋友。詹姆斯·门罗与杰斐逊多次面谈，充分了解了杰斐逊总统的计划后，毅然动身去完成自己的使命，但没带任何书面文件。很显然，如果他的上司以后不承认自己的所作所为，詹姆斯·门罗空口无凭，只能哑巴吃黄连有苦说不出。不过杰斐逊的朋友们一向对杰斐逊信任有加。

第14章 购买路易斯安那

在购买领土的问题上,杰斐逊表现出精明的商业头脑,让商人们也引以为荣。杰斐逊写信给皮埃尔·塞缪尔·杜邦·德·穆尔①,敦促他做好一切准备工作,并提出了一些建议:"我们的处境十分不妙,我们的工作必须刻不容缓地进行。密西西比河是我们不可或缺的一部分,我们会毫不犹豫地冒着生命危险来维护它。"杰斐逊及时暗示了这是"最后的解决办法"。杰斐逊补充道:"路易斯安那对我们非常重要,我们

皮埃尔·塞缪尔·杜邦·德·穆尔

---

① 皮埃尔·塞缪尔·杜邦·德·穆尔(1739—1817),法兰西作家、经济学家、出版商和政府官员。法兰西大革命期间他移民美国。——译者注

完全可以花些钱确保我们的购买万无一失。我们是一个农业国家,不但缺钱而且还欠债。要想在未来十五年内分期偿还这些债务,我们就要实行严格的经济制度。我们的原则是,无论做了什么,我们都要立即付诸行动,绝不要做我们不能做、也不打算做的事。我已经计算了财力,我们的手头并不宽裕。最近的经验告诉我们,通过借贷也解决不了什么问题。我们想购买的土地……是贫瘠的沙地……我们又不能把土地卖给个人来赚钱。只有通过和平的方式,法兰西共和国才能将这块土地割让给我们,我们的目标才能实现。"

犹太人和律师谁能更巧妙地讨价还价呢?一个非常贫穷的购买者很愿意购买一件值得投资的东西时,绝对不会追求日后的回报,而且为了避免不和,一定会按时付款。除了价格上占便宜之外,卖方还会在交易中间接地获得其他好处。或许交易的财产根本没有市场,或许交易的背后可能有战争的因素在作祟。尽管众说纷纭,但若非碰巧欧洲政治发生了变化,詹姆斯·门罗不可能在谈判中取得成功。当时在法兰西共和国,拿破仑·波拿巴以第一执政官的身份行使皇帝的权力,决心在北美大陆上建立殖民地。美国第一次提出购买领土的建议时,野心勃勃的拿破仑·波拿巴嗤之以鼻。詹姆斯·门罗本来想买通拿破仑·波拿巴身边出谋划策的人,让他们去说服拿破仑·波拿巴放弃自己的想法。在美国西部,民族的愤怒已遍及阿勒格尼河两岸,但若想以此威胁拿破仑·波拿巴这位欧洲的征服者,根本没有多大用处。杰斐逊真是交了好运。詹姆斯·门罗到达法兰西共和国时,在法兰西北部城市亚眠,短暂的和平即将结束,大规模军事行动一触即发。拿破仑·波拿巴根本然顾不上在美洲建立殖民地。当时法兰西共和国国库空虚,财政难以维系战时的开支,拿破仑·波拿巴急于出售这片土地。恰好美国派去的特使们也急着要购买。根据杰斐逊的指示,詹姆斯·门罗只考虑购买新奥尔良和密西西比河以东的土地。拿破仑·波拿巴想要尽快出售可变卖的资产,马上

第14章 购买路易斯安那

将钱弄到手。他暗示要高价卖掉路易斯安那的全部土地。双方都渴望交易的时候，交易就能迅速达成。詹姆斯·门罗对杰斐逊的意图把握得十分准确，所以他有恃无恐。过了几天，詹姆斯·门罗和罗伯特·R. 利文斯顿不再讨价还价，痛快地以六千万里弗赫[①]法币购买了路易斯安那。另外约定，为了满足法兰西商人们各式各样的要求，美国应额外再付二千万里弗赫法币。美国还要赋予法兰西共和国和西班牙的船在新奥尔良港十二年的通行权。

几位特使向国内报告了签订条约的情况，承认自己的行为已超出总统的训令要求。他们谦卑地说，希望自己没有犯错误。几位特使的行为的确超出了总统训令的字面要求，但没有超越训令的精神。詹姆斯·门罗很清楚，杰斐逊的愿望终于实现了。联邦党人后来说，他们认为这次谈判的代表们表现出色，购买路易斯安那可能带来的任何好处都是谈判代表们的功劳，与杰斐逊总统无关。这种诡辩明显有失公允，充其量也只能说杰斐逊总统的计划取得了成功，几位经办人只是依照杰斐逊的意愿行事，所有的功过是非都应算在杰斐逊名下。

联邦党人开始吹毛求疵。他们并不需动多少脑筋，就能对整个交易过程及其细节提出强烈的反对意见。宪法中并没有条款赋予总统购买外国领土的权力，也没有赋予政府权力，让政府迅速接受外国领土、将新领土作为新州并入联邦的权力。将新奥尔良港的贸易特权授予西班牙和法兰西共和国更是直接违背了宪法。路易斯安那的边界在东部和西部都有争议，很可能需要战争才能解决。西班牙反复强调，法兰西共和国无权出售这片土地，而西班牙有权拒绝出售。这些批评完全正确。不论从哪个角度讲，购买路易斯安那对美国具有不可估量的价值，再多的批评也显得苍白无力。反对意见恰恰给杰斐逊提供了许多实用的建议。路

[①] 里弗赫，法国旧时流通的货币单位，当时1里弗赫价值相当于1磅白银。——译者注

路易斯安那购买条约签订后美国军官与法兰西军官会面,商谈交接事宜

三色旗降下,星条旗升起,法兰西共和国向美国交接路易斯安那

易斯安那的边界的确存在争议。这里是蛮荒之地，多年来一直没有明确的边界，但也没有引起严重的敌对行动。在这段时间内，美国日渐强大，西班牙却不断衰落，最终选择了和平，对美国做出了让步。后来，杰斐逊提议，政府应该提供奖金来吸引大量充满活力而富有智慧的居民到路易斯安那。这里的人口大量增加后，民族性格会逐渐形成。到那时，周边不太听话的邻居便会安分守己。有人说，购买佛罗里达要比购买路易斯安那更好一些。也有人说，难道不能再将佛罗里达也买来吗？杰斐逊指出，美国对边界提出的要求"将是与西班牙谈判的主题，一旦西班牙处于战争状态，我们就可以一方面推波助澜，一方面对其开出高价，利用大好时机，获得佛罗里达全部的土地……有人主张，要用路易斯安那或其中的一部分来交换佛罗里达。我们可以不要佛罗里达，但我们不能把密西西比河的一寸水域让给任何一个国家，因为独立航海权对我国的和平非常重要。如果得不到我们的同意，没有我们的警察监督，绝不许任何国家的船进入波拖马可河或特拉华"。

时间证明杰斐逊所说的一切都是事实。

人们估计，西班牙可能会拒绝向美国交付占有权，而杰斐逊并不想在这件事上小题大做。购买路易斯安那的条约一被国会批准，杰斐逊就"命令密西西比州州长和威尔金森带着军队到新奥尔良，从法兰西总督皮埃尔·克莱门特·洛萨[①]手中接管路易斯安那。皮埃尔·克莱门特·洛萨如果愿意执行拿破仑·波拿巴的命令，很可能指挥新奥尔良的志愿军向我们移交该地区的管辖权。如果他不愿意移交，我们就直接占领，然后让法兰西督政府处理自己的事情，获得西班牙的认可，并履行条约将新奥尔良移交给我们"。

[①] 皮埃尔·克莱门特·洛萨（1756—1835），法兰西著名政治家，第二十四任路易斯安那总督。——译者注

威尔金森接管密西西比地区

杰斐逊轻而易举地推翻了从宪法的角度提出的反对意见。联邦党人理由充足，如果此时与联邦党人辩论，杰斐逊注定要失败。这时，保持沉默并让国会迅速投票决定是最好的办法。事实上，也别无他法。杰斐逊认为："宪法上的难题说得越少越好，……国会应该在沉默中做必要的事情。国会认为有必要做的任何事情，都尽可能少辩论，特别是在宪法面临的难题方面更要少争论。"作为反对派的联邦党人试图强行展开旷日持久的论战，但收效甚微。绝大多数官员不想听长篇大论，只是想表明他们下定决心要做的事情是明智的，只是法律并不允许这样做。联邦党人的演讲毫无意义，只提出了几个要答复的问题。在参议院，势力强大的共和党人痛快地以二十四票赞成、七票反对的结果迅速批准了这项条约，超出既定通过票数十票。杰斐逊感到胜券在握。众议院绝大多数议员是共和党人。他们在约翰·伦道夫的坚强领导下，首先要做的事是拨款，然后由杰斐逊总统交付给领土所有国政府。当时众议院给予杰斐逊和前西班牙国王一样大的权力。杰斐逊认为很不合适，但没有拒绝。

杰斐逊完成了一项重大的交易，与自己多年来倡导的重大原则以及共和党的政治信仰背道而驰。从今以后，杰斐逊和他的追随者们在总统招待会上，将对乔治·华盛顿贵族气派的仪式，对亚历山大·汉密尔顿建立的美国银行，以及对那些所谓的宪法自由解释者和"君主主义者"们扭曲宪法的行为该做出怎样的评价呢？这位来自共和党的伟大总统喜欢高谈阔论，其所作所为在本质上完全超越了宪法，细节上更与宪法背道而驰，超越了任何"独裁主义者"。"君主主义者"们也只敢梦想，不敢付诸行动。这些事实无可否认。在众议院，约翰·伦道夫掌控绝大多数席位，竟然滑稽地试图将《路易斯安那条约》与美国《联邦宪章》相提并论。显而易见，杰斐逊完全抛弃了自己以前的理论。1800年8月，杰斐逊宣称："我们宪法的理论无疑是最明智、最好的。各州相互独立，

第14章 购买路易斯安那

在一切对外事务上联合为一体。"根据这个理论,"我们的政府可以简化为一个非常简单的组织,不用这么大的开销,只需一些人做些简单的服务工作即可。仅为外交的特定目的而设计一个简单的联盟原则,就再好不过的了。"然而,令人难以想象的是这笔交易与联盟的原则大相径庭,获得的"财产"由联邦共同管理,利益由各州共同分享。这样一来,国内的利益在很大程度上得到了统一。

杰斐逊反复倡导各州应有独立的权利。无论公开还是私下里,他都直接或间接地表明了这种观点。杰斐逊起草了《肯塔基州决议案》,但肯塔基州拒绝承认联邦法令并脱离联邦的理由,与因购买路易斯安那所造成的东部各州拒绝承认联邦法令并脱离联邦的理由不可同日而语。杰斐逊一直坚称,宪法是独立党派之间的契约,在明确规定的条款之外,对任何一方都没有约束力。依照杰斐逊自己的逻辑,任何一个州都可以合法地退出联邦。

杰斐逊不喜欢前后矛盾,但重申自己的一贯原则时,却常常前后矛盾,就像站在自己曾制造的废墟之中。实际上,杰斐逊抓住了这个特殊的时刻,极力地主张各州的权利,同时还夹杂着一些多愁善感和无用的官话。杰斐逊说,联邦党人"从购买路易斯安那中看到了一个新的联邦正在形成,它包含了密西西比河的所有水域,以及从联邦分离出去的东部地区"。杰斐逊认为这是绝不可能的事。不过,这种形成新联邦的可能性并不能成为阻止购买路易斯安那的理由。因为"在不久的将来,大西洋沿岸和密西西比的居民是我们的同胞。我希望能看到他们在新的联盟中幸福地生活,但事实可能不会如此。如果他们因寻求利益而与联邦分离,我们也要支持密西西比的同胞们。就像人们以不同的方式对待大儿子和小儿子一样,我们还会和他们站在同一边。愿上帝保佑,不要让他们与联邦分离,若他们从联邦分离会生活得更好,分离也未尝不可"。杰斐逊坚定地拥护各州的权利。杰斐逊的州与联邦分开治理的政治智慧在当时特殊的环境中很有道理。大约六个月后，杰斐逊用通俗的话语重申："不管我们继续是一个联盟，还是要组成大西洋和密西西比联盟，我认为这对大家的幸福都不是很重要。西部的民众和东部的民众一样是我们的同胞。"人们不可避免地会停下来思考，假如在1861年杰斐逊会向民众灌输什么样的思想？他会不会还坚持"和平相处"呢？那倒不一定，因为杰斐逊总是自相矛盾，只做他认为明智的事情，根本不会考虑所做的事情受不受欢迎。

以上问题很容易让人们误解杰斐逊。然而，每个人都必须承认，政府应该购买路易斯安那。同时也必须承认，根据共和党人的理论，购买路易斯安那是应该被禁止的行为，但不能因购买路易斯安那而废止共和党的理论。从法律的角度讲，购买行为是不合法的，但无论宪法有什么规定，购买路易斯安那是必须要做的事情。就杰斐逊个人而言，命运女神最喜欢做具有讽刺意义的事情，让他成为最伟大的政治家和最明智的哲学家，又让他必须在合理的抽象原则和与之相矛盾的理智行为之间做出选择。杰斐逊感到进退两难。他的所作所为与伟大的政治家和哲学家也没什么大的分别。杰斐逊抛弃了自己确立的政治原则，做了该做的事情。我们会发现，杰斐逊做事时总是考虑明智不明智，很少考虑合不合逻辑。他只管施展自己的政治才能，而不管自己的行为是否前后一致。当然，人们也为此公开指责和嘲笑杰斐逊。全国各地，联邦党人谩骂连篇，抨击杰斐逊由民主主义者变成了独裁者。他们轻蔑地指责，杰斐逊原本是严格的宪法解释者，但一下子把宪法抛到了九霄云外。杰斐逊默默地忍受着这些冷嘲热讽。杰斐逊的政治哲学在人们的苛求中显得有些牵强，但作为一个政治家，他的声望却越来越高。杰斐逊说："购买路易斯安那的条约几乎得到了普遍的认可。联邦党人投了反对票，但现在他们的认数少得可怜。"民众的大力支持可能促使杰斐逊抛开法律我行我素，但他能很好地把握自己，并没有产生过我行我素想法。

第14章 购买路易斯安那

杰斐逊通常能辩证地看问题,并能发挥自己的聪明才智,举重若轻地处理问题。面对和蔼可亲的民众,他不想对这笔交易做过多的粉饰。杰斐逊坦率地承认,自己违背了宪法,但在当时的情况下必须得这么做。杰斐逊又诚实地说,即使事情仍悬而未决,自己也要抛开国会中官员们提出的诡辩:

> 宪法没有规定我们拥有外国的领土,更没有规定把别的国家并入我们的联邦。政府抓住了转瞬即逝的机会,为国家谋得了极大的利益,同时其行为超出了宪法的规定。立法机关像是冒着危险忠实于国家的仆人。他们背后暗藏玄机,必须批准《路易斯安那条约》并为其支付费用。为了国家,他们必须考虑国家的利益,积极处理一些宪法并没有授权的事。

杰斐逊有自知之明。他认为应该尽快制定宪法修正案并得到民众的正式认可。杰斐逊甚至草拟了一份宪法修正案,并向内阁和国会的朋友们暗示,希望自己草拟的宪法修正案能顺利通过。可内阁和国会的人不像杰斐逊那么谨慎,也不太关心杰斐逊的修正案,所以暂时搁置了此事。也许杰斐逊本不必急于修改宪法,但他没有掩饰自己的真实想法。

从某种程度上说,杰斐逊基本上没有违背自己的原则。他相信民众的意愿,始终为民众谋利益。杰斐逊尊重宪法,因为宪法正式表达了民众的意愿并在很大程度上保全了民众的利益。关键时刻这白纸黑字的成文法律并没显现出这些鲜明的特点,似乎失去它应有的约束力。杰斐逊很难科学准确地表达民众的意愿,但如果说他以实现民众的意愿为幌子,借购买路易斯安那这件事故意去违反宪法、反对宪法,确实荒谬至极。如果立即进行投票,通过必要的宪法修正案,购买路易斯安那的将在一周内完成。杰斐逊的所作所为虽然正确,但他也是冒险做了先人们未曾做过的事。历史表明,购买路易斯安那的过程中,作为一个政治家,杰斐逊无疑始终在奉行教条主义式的空论。对杰斐逊怀有敌意的人至今不认同他的观点。

第 15 章

弹劾法官与再次当选总统

精彩看点

指控皮克林——弹劾塞谬尔·蔡斯——约翰·伦道夫的缺点——个人权威——政绩斐然——精简节约的政策——下一届总统候选人——总统任期——连任的理由——共和党内部的纷争——再次当选总统

杰斐逊深恶痛绝的人有三类：一部分"独裁主义者"、新英格兰牧师，还有美国法官中的联邦主义者。在这三类人中，法官们又首当其冲。联邦党人操控着法庭，杰斐逊早就对此心存芥蒂。杰斐逊准备将自己的想法付诸实践，彻底改革司法机构，深刻地教训那些长期占据法官席位的人。杰斐逊给众议院写信，揭露了新罕布什尔州地方法院法官皮克林的丑恶行径，指出他是一个道德败坏、精神颓废的家伙。皮克林立刻被众议院依法定程序弹劾到参议院，被判有罪并免职。联邦党参议员们投票支持这位不幸的被弹劾者，也无济于事。

牛刀小试之后，更高级别的弹劾主要针对马里兰州最高法院法官塞缪尔·蔡斯进行。塞缪尔·蔡斯为人正直且能力超群，是极端的联邦主义者，向陪审团提出指控时也不能排除联邦主义偏见。毫无疑问，塞缪尔·蔡斯犯了严重的错误。作为法官，他的行为有失偏颇，不可容忍。据说，塞缪尔·蔡斯曾收过一笔非正当的佣金，但该说法无法得到证实。塞缪尔·蔡斯的所作所为未曾引起过什么实际不良后果，只是有损公务人员的形象，尚不知能否作为弹劾他的理由。杰斐逊及其追随者们下定决心要试一试。一方面为了政治利益，另一方面，塞缪尔·蔡斯个人的做法让共和党人十分愤怒。因为塞缪尔·蔡斯最近向大陪审团发表演讲，严厉指责共和党废除《司法条例》的行为。无论这长篇大论式的演讲多么不合理，也不能作为弹劾他的有力证据。于是有人就其他问题对塞缪尔·蔡斯进行指控。共和党人重新审视了近五年内对弗里斯和詹姆斯·汤姆森·卡伦德的审判，发现塞缪尔·蔡斯明显表现出的政治偏见可以作为指控他的证据。这些都是老掉牙的故事，如果事情真如所说的那么可恶，共和党人当时就不该粗心大意，应以此为契机推行官员免职。过了这么长时间，又将其拿来作为指控的证据，充分说明了共和党人所采用的证据说服力不强。共和党人广泛收集塞缪尔·蔡斯的不当行为。这些行为或许足以证明塞缪尔·蔡斯不配做一名法官，但参议院要确定

塞缪尔·蔡斯

的不是塞缪尔·蔡斯适不适合做司法工作，而是根据证据判断他是否真的有罪。

杰斐逊很精明，也有点私心。他渴望得到满意的结果，认为既然成功的可能性不大，就得小心谨慎。凡事可能成功，也可能失败，杰斐逊不愿去冒这个险。杰斐逊或许认为，自己在政治上的威望就如战场上将军的生命一样重要，决不能因自己的声望受损而殃及党众。弹劾塞缪尔·蔡斯的过程中，杰斐逊并没有像弹劾皮克林那样提出清楚完整的建议，只是偶尔暗示一下。约翰·伦道夫是杰斐逊忠实的追随者。他性子急，做事不大谨慎，缺乏判断力，常常糊里糊涂地陷入争辩之中。乔治·尼古拉是约翰·伦道夫的朋友，也是下议院的主要成员。1803年5月13日，杰斐逊让乔治·尼古拉捎信给约翰·伦道夫，信中写道："你一定知道巴尔的摩市向大陪审团指控塞缪尔·蔡斯的案件非同寻常。煽动别人攻击宪法所确立的原则，以及攻击参议院的诉讼都要受到应有的惩罚。像你这般鲁莽草率，会给别人留下许多指控你的把柄。请你务必考虑这些问题，我还是不干涉为好。"在弹劾过程中，杰斐逊只是一个饶有兴趣的旁观者，并没有涉足其中。看到资深的法官、雄辩的律师为约翰·伦道夫罗列的许多罪名，杰斐逊非常失望。随着事情的发展，杰斐逊不得不承认，只有毫不手软地发挥政党的力量，才能促使三分之二的参议员将弹劾继续进行下去。由于弹劾的证据不是太充分，杰斐逊也不敢向国会施加压力。约翰·伦道夫在激烈的辩论中失利后，杰斐逊暗自恼火，并未明确表态。执政党在辩论中被击败了，可其精明的领导人却显得很中立。杰斐逊的朋友所犯的错误并没有影响到杰斐逊在民众心目中的地位。杰斐逊从此事中得到深刻教训，再没有进一步干涉法官席位。他的政治理论在别处都成功得以实践，在弹劾法官时却遭遇了障碍。

在第一届总统任期内，杰斐逊虽然政绩斐然，但觉得已取得的成功远没有达到自己的期望，国家治理没有根本性的变化。显赫一时的联邦党人似乎完成了自己的使命。首都洋溢着轻松愉快的气氛，深深影响着政府内部的各个机构。人们甚至认为陆军和海军的设立都失去了实际意义。共和党人在政党建设方面效果显著。他们领导的政府机构内有前届政府留任的官员，也有任命的新人。在处理重大问题上，民主主义者和联邦主义者似乎没有什么大的差别。杰斐逊是民主主义者，但他比"独裁主义者"约翰·亚当斯更善于运用个人权威。事实上，自乔治·华盛顿以来，没有哪个总统能像杰斐逊一样直接能对国会发号施令，也没有一位总统像杰斐逊一样让民众百依百顺。当时的人们却不这么认为。国会议员不认为他们在接受命令，民众也丝毫不觉得别人在领导他们。杰斐逊从不发号施令，更没有领导的架子。他潜移默化地以奇特的方式影响着国家和民众。杰斐逊只是同信任他的个别人谈一些自己的建议和意见。在落实杰斐逊的建议和意见时，别人没有被强行约束的感觉，反而对这位伟大的政治家充满莫大的敬仰和无限的信任。在人们心目中，杰斐逊处事明智，品德高尚，尤其在谋求党派利益时，他的精明与智慧更显得无与伦比。正是在这个时候，共和党更名为"民主党"，共和党人不再称自己为"共和主义者"，取了更加独特的名称"民主主义者"。这个更改后的名称至今还在使用。名称虽已更改，但共和党的本质特征依然如故。联邦党却因为党的原则发生变化，多次分裂，几易其名。联邦党人宣称自己是民主原则的守卫者。实际上，他们经常将自己置于个别人的独裁之下。联邦党曾改名为"辉格党"，后来又改为现在所用的名称"共和党"。联邦党中间没有一个人像杰斐逊或安德鲁·杰克逊一样拥有至高无上的权力。民主主义者似乎在一位独裁者的统治之下显得强大无比，并且也习惯于这种统治方式。

　　执政四年来，杰斐逊所宣扬的政治理论概括抽象，但他在处理具体问题时毫不含糊。杰斐逊穿着朴素，在别人都关注他的场合尤其如此，

讽刺漫画《宪法的支柱》：两个醉汉晃晃悠悠地从酒馆走出。寓意联是联邦党就像头脑糊涂的醉汉一样

杰斐逊总统：独立战争、国父时代与共和思想在美国的滥觞

好像是故意为之。人们看到乔治·华盛顿和约翰·亚当斯时期君主式的招待会已成为历史。杰斐逊裁减军备，改革军队，只保留了很少一部分军事力量。联邦主义者认为海港防务需要加强，海军也应具备一定的规模。杰斐逊在各个部门推行精简节约的政策。令人讨厌的国内税被取缔，财政收入大量增加，以惊人的速度偿还了国家债务。这些成就的取得，除了政府节约外，还得益于高效的财政管理，根本原因是国家强大、经济繁荣。亚历山大·汉密尔顿健全的经济体系在其中起了关键作用。在政治上，杰斐逊是一位"堂吉诃德"式的人物。他虽然不承认亚历山大·汉密尔顿像一位播种者，奠定了良好的经济基础，但自己却像一位收获者，坐享其成。人们不再对欧洲的混乱状态感到焦虑，但这并不是杰斐逊的影响所至。好运垂青于杰斐逊，他一时名声大噪[①]。看到眼前的大好光景，人们往往不会考虑事情的前因后果，觉得自己生活安逸，处在太平盛世，自然会对当时的国家领导人奉上溢美之词。若不是杰斐逊提倡节俭而摒弃联邦主义者的财政政策，国家开支将居高不下，税收不会减少，也不可能迅速偿还国家债务。杰斐逊渴望与其他国家建立和平的外交关系。几年来，美国远离了外交事务中滋生的各种矛盾。杰斐逊温和的执政理念渗透到美国的每一个角落，全国上下安定团结。友好善良是杰斐逊一生的夙愿。他执政四年来，国力昌盛，经济繁荣，国家安宁，民众对政府毫无半点怨言，政治上的反对派逐渐销声匿迹。联邦党正日薄西山，尽失往日雄风，活动范围非常有限。联邦党党众们似乎生

---

① 杰斐逊毫不犹豫地称赞自己执政以来所取得的成就。1802年4月，他写道："共和党自召开第一次国会会议执政以来，已快四年了。在这段时间内，民众团结一致，他们的愿望得以满足。海陆两军大幅度裁减，政府机构精简，行政人员再无特权。在这些节约性政策下，国内税收已取消，可国家仍有能力在十八年内偿还所有公共债务。联邦党人执政期间，为了达到他们的目的，在司法机关安插了大量像寄生虫一样的官员，他们无所事事，全被免职。美国敞开怀抱迎接其他国家因受压迫而逃亡的人们。所有的繁文缛节都被废止，展现在公众面前的是一个全新的政府形象。"——原注

第15章 弹劾法官与再次当选总统

来就牢骚满腹，没有他们满意之事。他们的势力已微不足道，根本不像一个名副其实的政党。

1804年2月底，国会中的共和党成员召开秘密会议，提名杰斐逊为下一届总统候选人。他们决定不再支持阿伦·伯尔，于是提名乔治·克林顿[①]为第二总统候选人。杰斐逊本不想连任，但共和党内部都支持他。因此，他也无法拒绝。有人指责杰斐逊说一套做一套，本想继续任总统，还要找出体面的借口。杰斐逊最初的观点是"美利坚合众国的总统任期应为七年，期满后再无当选总统的资格"。他又"觉得七年任期时间太长，中间又不能离职……如将任期定为八年，每四年选举一次，符合自己的想法，实践证明也是可行的"。杰斐逊高兴的样子可能在最狡猾的耶稣会信徒的心中也会播下嫉妒的种子。按照这一原则，杰斐逊补充道："乔治·华盛顿总统在八年任期结束后退休，为我们树立了好的榜样……我也会像他一样在第二任期结束时退休。有了更多这样的先例，以后谁想设法延长自己的任期都无法进行。"上面是杰斐逊的抽象理论，以下才是他连任总统的动机：

> 我初任总统时就想在本届任期结束时退休，过一种平静的生活。可联邦党没完没了的诽谤迫使我不得不服从国家和民众的意愿，继续努力奋斗。这是联邦党人在强迫我连选连任，我对此深感遗憾。今后四年里，如果我们的国家像一艘大船稳稳当当地沿着她的航向前进，我就实现了自己的夙愿，可以自由地享受天伦之乐，去照顾家庭，经营农场，读一读未曾读完的书。

[①] 乔治·克林顿（1739—1812），美国军人、政治家，民主共和党成员，曾任纽约州州长、美国副总统。——译者注

由此看来，联邦党人倒是要感谢其憎恨的政治对手能够连任总统。他们一定能从声明中看到杰斐逊不想连任，从而得到莫大的安慰。

像"共和党"或者称"民主党"这样人员众多、势力强大的政党，长期以来难免内部纷争。共和党早已显露出一些分裂的迹象。阿伦·伯尔的追随者们认为，让别人取代阿伦·伯尔竞选总统的资格是对阿伦·伯尔的侮辱。在纽约，部分共和党人争论不休。在宾夕法尼亚，共和党内部的纷争已充满了敌意。东部各州的共和党人也对弗吉尼亚人的权势感到厌恶。联邦党人似乎看到了希望，乘机浑水摸鱼，怂恿共和党内相当一部分愤愤不平者与共和党决裂，与自己结成同盟。有了这些重要的伙伴，联邦党人就可以卷土重来。杰斐逊早就意识到这些阴谋诡计，但他只是轻蔑地看着眼前发生的一切，并没有说什么。选举中，全国的共和党人团结一致，以绝对优势获胜。就连马萨诸塞州的选票也投给了杰斐逊。联邦党人既惊讶又懊恼。选举结果表明，共有一百六十二票投给了杰斐逊和乔治·克林顿。十四名忠实的联邦党人将票投给了查尔斯·科茨沃思·平克尼和鲁弗斯·金[①]。共和党人取得了辉煌的胜利。

---

① 鲁弗斯·金（1755—1827），美国政治家、外交家、联邦党领袖，大陆会议代表，1787年美国宪法的签署者之一。——译者注

第 16 章

约翰·伦道夫背弃杰斐逊和阿伦·伯尔叛国

精彩看点

辉煌中的忧虑——坚持中立——在和平中发展——美国的两难处境——西班牙的威胁——约翰·伦道夫背叛——民众的深思——叛国阴谋——阿伦·伯尔受审——法庭指控——宪法的首要原则

自执政以来，杰斐逊好运连年。他领导的政府受到人民空前的拥护，取得了许多举世瞩目的成就。这一切随着1804年选举的辉煌胜利达到了顶点。如果杰斐逊是寓言故事中聪明的王子，他肯定为自己的好运感到吃惊。他不知道自己的聪明才智能持续多久，但知道辉煌的成功只不过是过眼烟云，很快就会过去。显然，杰斐逊并没有不祥的预感，在第二任期中表现得泰然自若。杰斐逊的这种性格不是个人虚荣，也不是批评者们所谓的唯我独尊。杰斐逊坚信自己的执政理论建立在永恒的真理之上，在实践中取得成功，自己获得声望是顺理成章的事。不知是自负还是自信，杰斐逊从心底里觉得自己的所作所为有恩于人类。别人的怀疑随之而来，杰斐逊深感疑虑。从以往的经验可知，不管杰斐逊获得怎样的政绩，都不可能将繁荣长期延续下去。

詹姆斯·门罗和罗伯特·R.利文斯顿购买路易斯安那后不久，欧洲又爆发了战争。战争范围进一步扩大，美国难免经历拿破仑·波拿巴所带来的负面影响。欧洲的海军习以为常地四处掳掠，无法无天，对美国的贸易造成了很大的损失。在第二届总统就职前的几个月里，杰斐逊也听到过民众的抱怨之声。杰斐逊坚定而乐观，决心不偏不倚地保持中立。他相信自己的坚持会得到回报，美国的中立权利也将受到应有的尊重。乔治·华盛顿执政时期，杰斐逊对法兰西情有独钟，显得很不中立。多年来，看到法兰西人不遗余力地支持拿破仑·波拿巴的事业，杰斐逊对法兰西的好感逐渐消失，觉得美国更应该与英国交好。杰斐逊尊重英国的地位，因为英国是拿破仑·波拿巴军事专制的主要障碍。早在1802年10月，杰斐逊就曾给罗伯特·R.利文斯顿写过一封措辞严厉的信，说："正式向你通知……我们再不能认为法兰西共和国和我们之间还有友谊。"1803年夏，杰斐逊说："我们密切关注英国所处的地位。英国就像对抗洪流的堡垒，一直压制着法兰西共和国。如果人类真要面临拿破仑·波拿巴带来的灾难，只有英国能独当一面……我们认真对待与英国的关系，对法兰西共和国也没有敌意。对英法两国，我们都一视同仁，以诚相待。我们不会像前辈们一样想从他们那里获得什么。"面对英法两个敌国，杰斐逊"感到有点恐惧，好像自己已经与欧洲的政治联系在了一起"。杰斐逊希望欧洲国家打仗时，美国能作壁上观，不偏不倚地保持中立，抓住机会，利用中立国的地位，通过各种渠道发展商贸，迅速积累财富。美国要通过和平获得财富，变得强大。杰斐逊怀着梦想愉快地写道："我们都能看到那一天，其他国家在海上应遵守的法律将由我们来制订。与此同时，我们已经签署的每一项条约都不得再改变。"杰斐逊的中立政策很明智，值得尊重。现在人们普遍认识到，随着人口增加、财富积累和工业全面发展，美国国力空前强大，这就是杰斐逊当时追求的目标。

当时，杰斐逊的心态就像是教友派信徒设法与愤怒的拦路强盗进行友好的交易。这种心态决不能长期保持。杰斐逊的理性和温和的主张像耶稣基督的登山宝训一样，深深影响着那些愤愤不平而追求个人利益的好战分子。对他们来说，和平和中立是可恶的言辞。英国内阁提出，美国如果不做英国的盟友，就是英国巡洋舰掠夺的对象。法兰西帝国[①]也

[①] 1804年11月6日，法兰西公民投票通过《共和国十二年宪法》，宣布拿破仑·波拿巴为法兰西皇帝，法兰西帝国建立，历史上称之为"法兰西第一帝国"。——译者注

第16章 约翰·伦道夫背弃杰斐逊和阿伦·伯尔叛国

在奉行同样的政策,但杰斐逊毅然致力于安定和繁荣,推行中立政策,坚持抗议和谈判。杰斐逊不断向英国表达善意。他说:"英美两国本是朋友,有许多共同的利益。如果执意要把他们分开的话,那么英美两国的领导人一定是没头没脑的笨蛋。"杰斐逊坚定的友善换来的却是英国的暴力和抢劫,让人难以容忍。1805年10月21日,特拉法加海战爆发,英国在海上独霸天下,美国的处境更加艰难。

杰斐逊第二任期的第一年,在法兰西帝国的支持下,西班牙威胁美国,要在路易斯安那东部边界上制造严重的麻烦。杰斐逊很恼火,做好了打仗的准备,但他坚守一贯的原则,更愿意和平解决问题。1805年12月6日,杰斐逊要求众议院像购买路易斯安那一样批准一笔拨款,该拨款由他自由支配。行政主义者们对此既惊讶又困窘。众议院委员会做出了一份与杰斐逊的指示精神完全不同的报告,委员会主席就是约翰·伦道夫。这份反常的报告确实令人震惊。约翰·伦道夫一贯领导众议院支持政府。他勇猛果敢、能力出众,很有影响力。谁也没有想到正是这些优点使约翰·伦道夫后来成为政治上的自由主义者。在通过购买路易斯安那的法案时,约翰·伦道夫对逻辑和法律不屑一顾,是杰斐逊最坚定的支持者。在塞缪尔·蔡斯弹劾案中,约翰·伦道夫受到了严厉的斥责,经历了惨痛的失败,但表现得十分勇敢。这说明他是杰斐逊最忠诚的追随者。这次,约翰·伦道夫突然站在了杰斐逊的对立面,滔滔不绝地责骂杰斐逊,反对他的政策,指责他的政治操守。杰斐逊因约翰·伦道夫这种奇怪的行为大吃一惊。若要购买佛罗里达,杰斐逊总统有权得到与购买路易斯安那时同样的支持。杰斐逊在思忖,约翰·伦道夫的叛离究竟到了什么程度。杰斐逊焦虑不安地看着众议院的辩论,看到投票结果后才安心。在约翰·伦道夫的召唤下,众议院共有十一人背叛了,但仍有八十七人支持杰斐逊总统。约翰·伦道夫显然高估了自己的个人影响力,十一个追随者并非全都对他忠心耿耿。约翰·伦道夫的目的不

特拉法加海战

特拉法加海战

仅在一件事上与杰斐逊相悖,而是要站到杰斐逊对立面上,一条道走到黑。杰斐逊宣布,众议院议员们"应一如既往地工作。一位杰出领导人的背叛使议员们陷入沮丧和困惑。他们很快又团结一致,坚持自己的原则。约翰·伦道夫只带着自己的五六个追随者与别的议员分道扬镳……从这次分裂中我们得到了警示,如果掉以轻心,我们内部就可能不再和谐团结。总的来说,各位议员能够坚守原则,使我对政府的稳定更有信心。我更加确信,无论何时,一旦政府出现问题,民众将和平地行使他们的选举权,获得自己应有的权利"。

多么经典的话语啊!随着岁月的流逝,杰斐逊变得越来越乐观。

约翰·伦道夫的所作所为没造成多大的政治影响,却引起了民众的深思。约翰·伦道夫不自私也没有失望,而是真正不满政府的事务。正如杰斐逊所言,约翰·伦道夫在政治上是一个纯粹主义者。约翰·伦道夫信奉共和,衷心地追随杰斐逊。他相信在这位英明的共和党领袖的影响下,纯粹的政治行为将会盛行。随着共和党逐步取得胜利,约翰·伦道夫慢慢从错觉中醒悟过来,看到自己所崇拜的偶像用的正是政客们惯用的手段,政府事务像联邦主义者执政时一样糟糕。这位急躁的改革家既痛苦又愤怒。约翰·伦道夫明白,最好的办法是抛弃这不守誓言的总统。如依批评家所立的标准来看,约翰·伦道夫对杰斐逊的批评是不公正的,并超出了人们的预期。从约翰·伦道夫对杰斐逊的苛评中得知,执政早期,杰斐逊不该对自己不应该插手的事情指手画脚,并提出一些不切合实际的希望。杰斐逊曾梦想过、承诺过要遵守政治原则并言行一致,但没有把梦想变成现实,也没有遵守诺言。事实上,杰斐逊也曾努力过,但不幸地发现自己的梦想和诺言在现实的政府中根本不可能实现。他认为理想的政治科学还没有形成。

1805年到1806年又发生了一场骚乱。阿伦·伯尔胆量过人,政治抱负远大,有独特的个人魅力,更有操纵政治的天赋。不过比起亚历山

第16章 约翰·伦道夫背弃杰斐逊和阿伦·伯尔叛国

大·汉密尔顿和杰斐逊,阿伦·伯尔还有一定的差距。阿伦·伯尔认为,杰斐逊和亚历山大·汉密尔顿处处敌视、排挤自己。阿伦·伯尔在选举中没能扭转局面,又在决斗中射杀了亚历山大·汉密尔顿[①],使自己的处境变得更糟,感到懊恼无比。阿伦·伯尔下定决心,宁可叛国也不能在政治上失败。他不惜给国家带来政治动乱和经济损失,炮制了臭名昭著的计划。阿伦·伯尔想占领墨西哥,坐上"蒙特祖玛二世[②]的宝座",并把阿利根尼山脉以西的所有领土全都吞并。阿伦·伯尔的阴谋未得到及时控制,谣言在疯狂流传。杰斐逊没有放松警惕,凭借自己超强的判断力,对事情的结果似乎有十足的把握。实际上,杰斐逊的预感是合乎情理的,因为阿伦·伯尔微薄的势力很快被粉碎,以"叛国罪"被捕。

当阿伦·伯尔被带到里士满受审时,杰斐逊总统对法律程序很感兴趣。联邦主义者完全忘记了阿伦·伯尔手上曾沾满了一名在联邦党内功勋卓著的杰出人物的鲜血。这位杰出人物曾为联邦党赢得过莫大荣誉。联邦主义者清楚地看到,只要阿伦·伯尔的计划有一项获得成功,就会使杰斐逊政府颜面尽失。联邦主义者觉得阿伦·伯尔很不幸,向他伸出了友谊之手,表达了他们的钦佩之情。他们假惺惺地把阿伦·伯尔当作无辜的人,认为他因为私人之间的恩怨而受到杰斐逊的迫害。联邦主义者口是心非,不会成为阿伦·伯尔真正的拥护者。杰斐逊特别愤恨阿伦·伯尔的所作所为。惩罚这位叛国者也许会平息杰斐逊心中的怒火。阿伦·伯尔的犯罪行为已成事实。作为总统,杰斐逊要求给阿伦·伯尔定罪是职责所在,其中有个人的感情成分,也尊重了民众的意愿。根据

---

① 在1800年总统选举中,亚历山大·汉密尔顿支持杰斐逊,阻止阿伦·伯尔当选。阿伦·伯尔耿耿于怀。1804年,阿伦·伯尔竞选纽约州州长时,受到亚历山大·汉密尔顿的公开指责。竞选失败后,阿伦·伯尔要求亚历山大·汉密尔顿收回指责。亚历山大·汉密尔顿拒绝收回。阿伦·伯尔提出了决斗的挑战。1804年7月11,两人在新泽西州的维霍肯决斗。阿伦·伯尔一枪打中亚历山大·汉密尔顿胸部。1804年7月12日凌晨,亚历山大·汉密尔顿去世。——译者注
② 蒙特祖玛二世(1466—1502),古代墨西哥阿兹特克帝国君主,曾一度称霸中美洲,最后却被西班牙征服者埃尔南·科尔蒂斯打败,导致阿兹特克帝国灭亡。——译者注

阿伦·伯尔射杀了亚历山大·汉密尔顿

蒙特祖玛二世

既定的规则，总统有权对阿伦·伯尔的行为质疑。联邦党人的行为非常可耻，宁可不计较阿伦·伯尔对亚历山大·汉密尔顿的谋杀行为，也不让杰斐逊得到半点好处。

杰斐逊认为，阿伦·伯尔的叛国罪行是不争的事实，在约翰·马歇尔主持的法庭上不会有任何不当的影响。杰斐逊没有直接或间接地影响审判过程。他无权这样做，只能把想到的事实或建议告诉政府律师。杰斐逊关注着整个审判过程，对其中的一些事件愤愤不平。例如，路德·马丁公开在法庭上支持阿伦·伯尔，指控杰斐逊总统使用"暴君式的命令"，"违背了宪法和法律"，千方百计地"毁坏一位无辜之人的生命和财产"。实际上，路德·马丁本人并不清白，人们怀疑他曾与"备受尊敬的朋友"阿伦·伯尔勾结。被告人的律师提出申请，要求法院发出传票，迫使杰斐逊亲自出庭作证，并携带战争部的文件和记录。法院批准了这一请求，但承认无权强制执行传唤。杰斐逊对这种权利的主张非常生气，因为法律并没有强制性规定。杰斐逊准备向法庭提交全部相关文件，但拒绝了法院出庭作证的要求。当时人们如果敢质疑约翰·马歇尔的裁决，要么是对法官职业的亵渎，要么就是胆大包天。这种说法似乎出自联邦主义者之口，约翰·马歇尔不可能说这种话。如果约翰·马歇尔所有的裁决公开受到批评和怀疑，将有辱他的名声。

杰斐逊在给乔治·海伊的信中写道：

> 约翰·马歇尔阐明了自己的立场，所有人都应服从传票，除非能在他的法律书籍找到不服从的依据，否则无一例外……根据宪法，总统在六百万人民的关注之下行使职权。法律的效力在宪法之下，法院不能对总统呼来唤去，因为总统代表的不仅是他个人。我们可以把约翰·马歇尔自己的学说应用到他和同党身上。根据法律，联邦法官也是各州治安官的组成部分。

路德·马丁

假如亨里科郡的治安官从法官席上召唤约翰·马歇尔来平息亨里科郡某处的骚乱，约翰·马歇尔会放弃主要职责而履行次要职责吗？同样，新奥尔良或缅因州的法院用传票命令所有最高法院的法官出庭，这些法官们会执行吗？他们能放弃法官的职位，放弃数百万人的利益而去为个人服务的吗？美国宪法的首要原则是立法、行政、司法三个机关相互独立。法官们常对此忌妒不已。如果听命于司法机关，总统会因不服从命令而受监禁；如果几个法院都呼来唤去，那么总统难免会拖着疲惫的身躯在全国各地东南西北来回跑；宪法赋予总统的职权也会被完全撤销。如此一来，行政机关还能和司法机关相互独立吗？

如果阿伦·伯尔没有因失去监禁而逃到国外，在俄亥俄州就受到审判，那么杰斐逊的论述就会成为坚强有力的范例。当时，英国巡洋舰在弗吉尼亚海岸虎视眈眈，美国与英国的关系危如累卵，总统坐镇首都具有非常重要的意义。如果杰斐逊听从了传票的召唤，肯定会远离首都出现在审判现场，国家利益就会受到很大损失。杰斐逊对约翰·马歇尔的决定漠然置之，传唤最后不了了之。只有联邦党人将杰斐逊的行为作为指控他实施暴政、违法乱纪的有利证据。

本案最终审判结果宣布时，杰斐逊指示政府律师乔治·海伊，待证人们把所有证词以书面形式记录下来后，再支付报酬遣散他们。杰斐逊说："整个诉讼过程的所有记录都要提交给国会，以便他们确定本案在犯罪证据、法律适用方面有无瑕疵。这些记录还能为过去和未来的案件提供参考。"杰斐逊言出必行，随后做出指示，义正辞严地呼吁国会关注此事。在杰斐逊的努力下，国会通过了一些关于叛国罪的立法，但未涉及对阿伦·伯尔的特殊审判，也未牵扯到任何与此案有关的人。显然，一个案件产生的深远影响要比惩罚一个犯罪之人更应受到关注。

第 17 章

海上的困境与禁运政策

精彩看点

航运危机——"奎兹"联盟——桑迪岬岛事件——美国的海军——是否应该降低关税——内部改良学说——与英国的条约——"切萨皮克"号事件——《禁运法案》——美国的损失——禁运的理由——禁运政策的废除——载誉而退

滚滚的乌云笼罩着大西洋。无论哪位心地善良、热爱和平的执政者，都会对这儿发生的不幸之事怒不可遏。杰斐逊对欧洲列强别无他求，只希望美国能够独立发展，不要与欧洲纠缠在一起。法兰西帝国和英国不愿意让美国走上独立发展的道路。拿破仑·波拿巴不可能容忍美国中立。英国也露出了贪婪的本性，对美国日益增长的贸易顺差垂涎三尺，既要自己获得利益，又要遏制美国的发展，想蛮横无理地实现自己的目标，全然无视国际法和人权的存在。1804年11月，杰斐逊不得不承认，即使在美国的港口，美国船也难免受到英国大炮的威胁。法兰西帝国同样做好了劫掠的准备，只不过还没有和美国撕破脸皮。杰斐逊总统满怀希望地说："各国政府与我们友好相处，认同我们的和平外交政策。他们的官员和臣民都奉行这样的政策。大家在其他方面也无多大分歧。"杰斐逊的希望只能是竹篮打水一场空。一年之后，事情变得更加糟糕。在1805年3月的一份信中，杰斐逊非常不满地说：

> 我们的沿海地区被侵扰，港口被私人的武装船只监视。其中有些是无组织行为，有些是非法行为，还有些行为看似合法，但没有得到合法组织的授权。英法两国在美国的港口

以及公海上抢掠美国生意伙伴的货船,而且连美国货船也不放过。他们打着法律裁决的幌子将船只带走。可他们哪敢接近法院,只是顺手将船只洗劫一空,在偏僻之地击沉船只,让别人无据可查。美国船员受到虐待,被丢弃在公海上或荒芜的海岸上,缺吃少穿。

1806年1月17日,杰斐逊不得不就同样令人恼火的话题再一次发表言论,并提到"纪念几位美利坚商人"的问题。随后的争论中,来自新英格兰商业区的联邦党人与约翰·伦道夫以及六名追随者组成了一个叫"奎兹"的独特联盟。约翰·伦道夫大胆地宣称,那些怨声载道的种植庄园主和东部的商人并无共同利益,"美国是个农业大国,如任由塞勒姆、波士顿、纽约、费城、巴尔的摩、诺福克和查尔斯顿几个地方

早期的纽约

第17章 海上的困境与禁运政策

任意摆布的话，民众自有公论"。新英格兰的联邦主义者和约翰·伦道夫反对政府的理由如出一辙。他们本没有共同的目标，联合起来也无济于事。众议院和参议院议员绝大多数人支持杰斐逊总统的措施。该措施明确指出，1806年11月15日以后，禁止从英国本土进口特定商品，也不能从其他地方进口英国制造的商品。拥有无限权力的杰斐逊先生可能会说："参议院的多数席位意味着一切措施都能够顺利实施……众议院的状况也和以前一样好。"杰斐逊很清楚贸易带来的压力，但还是坚持执行自己的措施。

令人惋惜的是该措施并未奏效。相关法案通过后不到一个月，在美国桑迪岬岛附近，英国"利安德"号军舰向美国一艘近海贸易货船开火，导致一名男子死亡。杰斐逊命令"利安德"号军舰驶出美国水域，并下令逮捕该舰的指挥官。杰斐逊担心自己太过温和的措施可能产生不了什么影响，于是写信给美国驻英公使詹姆斯·门罗，让詹姆斯·门罗向查尔斯·詹姆斯·福克斯[①]先生新成立的友好内阁提出强烈抗议。杰斐逊说："民众要求我们比以前更加有所作为。绝不能让新成立的英国内阁以为我们期待他们做什么，绝不能让他们把这件事看作是其先辈们的措施带来的后果，更不能让他们认为我们在请求他们改变这些措施。希望英国内阁能妥善处理此事。"显然，杰斐逊忘记了英国人的本性，但也没有万全之策来对付这些邪恶之人。有人说，在这个关键时期，如果不是杰斐逊倡导和平，坚持理性和正义，摒弃了虚张声势式的威吓，美国后来十年的历史可能将会重写，战争也不会到1812年才发生。当时的情况可能并非如此，英国在1807年、1808年或1809年完全可以像

[①] 查尔斯·詹姆斯·福克斯（1749—1806），英国辉格党资深政治家，从政四十年，曾三次短暂地在内阁供职。美国独立战争期间，他严厉谴责策划派兵镇压革命的首相诺斯勋爵及英王乔治三世，1806年被委任到"贤能内阁"供职，第三次出任外相。——译者注

英国"利安德"号军舰向美国商船开火

查尔斯·詹姆斯·福克斯

1812年那样随时开战。当然也有可能如此，若美国乘全国民众情绪高涨之际陷入了战争，几年内肯定会饱受战争之苦。正是杰斐逊和平、正义、理性的主张让国家避免了长期而沉重的负担。有人猜想，当时若杰斐逊主张开战，将会产生怎样的结果呢？其实杰斐逊是绝不会放弃和平的。就算美国民众支持杰斐逊制定政策参与战争，他也不可能接受。战争风起云涌，政治矛盾此起彼伏，这位伟大的政治家显得很无助。杰斐逊的处境和独立战争时期任弗吉尼亚州长时一样悲惨。杰斐逊丝毫没有为战争做准备的打算。他厌恶军事力量，海军的状况依然如故。在军事方面，杰斐逊认为最过分的做法是建造炮艇。谁都在嘲笑美国那些摆设式的小型舰队。据说它们平时被保存起来，太阳晒不着，雨也淋不着。战争来临时，它们才会被运到海中，然后再从邻国请人来驾驶它们，去迎战训练有素的英国舰队。英国舰队曾在特拉法加海战中取胜，在尼罗河上挫败了法兰西海军，将哥本哈根夷为平地。似乎正是因为这些美国的舰艇不会威胁到别人，杰斐逊才愿意保留。至少制造这些舰艇的花费并不高，杰斐逊也愿意花十万美元制造十来艘。杰斐逊对海军事务有如此独特的见解。英美两国的冲突却令美国人怒发冲冠。

在非重大问题上，杰斐逊偶尔也会私下里暗自伤怀。有时，他因好战的西班牙人大发雷霆，有时却默默地准备与西班牙开战，去解决路易斯安那的边界问题或佛罗里达的归属问题。杰斐逊曾说："我们要把整个墨西哥湾看作我们水域的一部分，禁止在该水域发生任何敌对行动，不让别的国家巡航。只要我们同意使用武力，就可立即禁止这里的一切活动。我们决不允许任何武装民船在该水域航行，也决不允许我们的港口有外国的巡洋舰通过。这对我们国家的安定和贸易发展至关重要。"杰斐逊的这番豪言壮语是在一封信中说的。当时，美国军舰遭到炮击，美国水手在自家港口被残忍地杀害。杰斐逊义愤填膺，说话时自然情真意切。

英国人像海盗一样在大西洋沿岸横行霸道，但杰斐逊始终对自己的

尼罗河之战

英军轰炸后，哥本哈根几成废墟

第 17 章 海上的困境与禁运政策

和平措施充满信心。民众对杰斐逊的信心也没有动摇。共和党人在选举中再次获胜，整个国家都在坚定地支持共和党。1806 年 12 月 1 日，第九次国会会议召开。1806 年 12 月 2 日，杰斐逊给国会送来一封信，信中写道："我们与英国政府谈判中的拖延事出有因。无论怎样，我都要在会议期间将谈判的最后结果告诉你们。"会上提出拨款建造炮艇的议题，因为战争也是为了保卫和平。

当时国库出现了盈余，杰斐逊需要考虑如何使用这些盈余。这段话虽然在目前的叙述中是一段插曲，但特别值得一提，希望大家注意。

> 我们是否应该降低关税，让国外产品比国内产品获得更大的利润？降低日常用品和生活必需品的关税无可非议，但征收关税的大部分商品是外国奢侈品，有钱人才买得起。这些富人具有爱国情怀，他们支持继续征收关税，将其用到公共教育、道路、河流、运河以及其他公共设施的改善上。他们还认为关税可适度增加，而宪法所规定的联邦权力并不是他们关心的对象。

杰斐逊提议制定宪法修正案，使国库的开支合法化，这与共和党一贯谴责的内部改良并不矛盾。杰斐逊的提议与以前大不一样。那些认为共和党总是反对内部改良的人们感到很困惑。共和党人的计划的确超越了宪法。杰斐逊过去就提出，联邦只有在对外事务上是一个整体，各州拥有而且应该拥有独立的政府和至高无上的权力来处理各自的内部事务。杰斐逊的确在推行内部改良学说。他认为，分清联邦和各州的权力后，民众会精诚团结，政府管理将集中统一。杰斐逊说："各州之间将形成新的沟通方式，彼此之间的隔阂也会消失。各州的利益明确，关系将牢固而持久，进而巩固了他们之间的联盟。对杰斐逊这种不同寻常的变化，亚历山大·汉密尔顿理应按他的原则发表一番有趣的评价。"

我们回过头来再看外交事务。1806年12月3日，杰斐逊发出特别指示，建议"暂停"尚未生效的《禁运法案》。杰斐逊认为，查尔斯·詹姆斯·福克斯先生出任英国首相，应该会珍视两国之间的友谊。绝大多数人支持杰斐逊的观点，联邦党人的反对显得微不足道。1807年2月19日，杰斐逊宣布，詹姆斯·门罗和查尔斯·科茨沃思·平克尼与英国达成了和平协议。人们在传言，英国法律允许战舰指挥官在美国强制征用人员的条款依然存在。几天之后，美国收到了协议，人们失望之极。这次谈判就像约翰·杰伊先生的谈判一样，尽了最大的努力，结果却异常糟糕。杰斐逊认为和平谈判是处理问题的最好方式，但谈判的结果完全出乎预料。从长远考虑，杰斐逊不愿为美国眼前的利益而开战，但绝不会妥协。当时参议院正在开会，杰斐逊没有将条约转给参议院，而是立即发给了詹姆斯·门罗，表示协议上的条款美国根本办不到，应该重新进行谈判，希望达成与上次完全不同的协议。杰斐逊处理协议的方式无可挑剔，但联邦党人抨击他，说拒绝协议的方式专横跋扈。这种做法的确带有专制色彩。然而，当年约翰·亚当斯这样做时，杰斐逊并没有如此尖刻地提出批评。

杰斐逊沉着冷静地退回了协议，一丝不苟地行使国会赋予自己的自由裁量权，中止了《禁运法案》。英国的观点很简单：美国人不愿意打仗，所以更容易成为掠夺对象。法兰西帝国紧跟着做出响应：既然美国人被抢劫了，法兰西帝国必须参与分赃。英国不时发出枢密院令。拿破仑·波拿巴攻占柏林、在米兰取得胜利后，法兰西帝国颁布了报复性法令。除了表明英法两国的沿海贸易对美国船只开放之外，这些法令再没有实质性的内容。世界贸易一半被英国人垄断，另一半被法兰西人霸占。海上的商船若不遵守英国的规定就会被英国巡洋舰捕获，若遵守了英国的规定又会被法兰西帝国扣押，反之亦然。美国公民在自己的港口也不

拿破仑·波拿巴攻占柏林

能安全地贸易。英国战舰常在美国领海徘徊，强行征用海员，短短几年内就有成千上万的人深受其害。1807年6月，英国"猎豹"号战舰用排炮向美国"切萨皮克"快速护卫舰开火，打死打伤船员若干，事发地点就在汉普敦水道外。"切萨皮克"号在丝毫没有准备的情况下受到袭击。英国指挥官登上甲板，带走了四名海员，至少有三名是土生土长的美国公民，其中一个人被绞死在哈利法克斯。

消息传开后，举国上下群情激愤。杰斐逊说："自从莱克星顿战役以来，我从未见过全国上下像现在这样怒不可遏。"新英格兰各州的极端联邦主义者中，有些人害怕与英国敌对，认为英国指挥官的行为并无不当之处。大多数联邦党人对这种行为咬牙切齿，和共和党人一道愤怒地抗议。杰斐逊说："联邦党人经常谴责我们的一举一动，但在这件事情上，双方因共同的目标携手共进。"虽然杰斐逊怒气冲冲，但清楚地认识到，不能因一时头脑发热而做出不可挽回的事情。杰斐逊认为："不能任由国会在战争、外交和别的措施之间做出选择，这是我们的责任。"杰斐逊立即派遣一艘军舰前往英国要求赔偿，并建议国会于1807年10月26日召开特别会议。杰斐逊说："我们给英国人承认事实和赔偿损失的机会，这是文明国家的理性和惯例。我们得让商人有时间积累财产，让海员们有时间调集船只。"杰斐逊当时预见到了战争，说自己正在全力以赴地为战争"做好准备"，因为美国人"有作战的能力"。当时杰斐逊有可能真的认为国家马上要进入战争状态。美国的炮艇少得可怜，只能略微加固港口的防御工事，并筹集少量的物资。后来国会拨出了很少一部分钱支付了这些费用。

1807年10月26日，国会正常举行会议。在参议院和众议院，共和党人占绝对优势，用"行政主义者"描述国会议员们最恰当不过，因为他们完全在杰斐逊的个人影响下行事。无论杰斐逊建议采取什么措施，参议院和众议院都能迅速执行。大家都知道，杰斐逊善于把握

英国"猎豹"号战舰炮击美国"切萨皮克"号护卫舰

事态的发展，要等到英国对"切萨皮克"号事件做出回复后，再制订政策。直到1807年12月的第二个星期，英国才做出答复——将派特使处理此事。

1807年12月18日，杰斐逊做出了简短而重要的指示。他说："无论在公海上还是别处，好战的欧洲列强正威胁着我们的商船、海员和货物，而且这种威胁会越来越大。保护我们的人员和物资的安全至关重要。我有责任建议国会考虑此事。国会一定会认识到，禁止美国船只离开自己的港口才是上策。"英国枢密院令定于1807年11月11日发出，而到了1807年11月17日才公布，该命令宣布"封锁"美国商船进入法兰西帝国和英国同盟国的港口。联邦主义者支持英国内阁的做法，认为杰斐逊并不知道英国枢密院的命令，禁运建议是不成熟、不正当、不友好的行为。行政主义者们反驳道，杰斐逊经非官方渠道早知道这个命令。若英国能够对美国以诚相待，这样的问题完全可以通过沟通解决。英国假装派罗斯先生为特使去美国解决"切萨皮克"号事件，但又用各种荒谬的方式阻挠他。罗斯离开伦敦一段时间后枢密院令才发出。美国在不知情的情况下按外交礼仪迎接并招待了这位特使，给予他应有的尊敬。罗斯先生只能将真实情况公布于众，起航回家。英国的表现很不友好，但杰斐逊为迎接英国特使做了充分的准备。作为一名特使，罗斯应该为英国卑鄙的做法脸红。

杰斐逊总统没有选择战争，而是通过禁运来保护贸易。杰斐逊执政后期的历史无非就是联邦主义者的攻击和行政主义者的辩护。在参议院，约翰·昆西·亚当斯抛弃了联邦党，投票支持杰斐逊的禁运政策。他说："总统先生提出了这个建议，体现了他对国家高度的责任心，我会毫不犹豫地付诸行动。总统无疑是在高瞻远瞩，这项政策没有不合理的地方。"在杰斐逊的建议下，参议员们召开了四个小时的秘密会议，通过了《禁运法案》。在众议院，联邦主义者们却秘密地争论了三天。他

第17章 海上的困境与禁运政策

们除了拖延时间之外,根本无力回天。《禁运法案》最终以八十二票支持、四十四票反对获得通过。

随着人类社会的发展,这些政策连同杰斐逊的两栖炮艇都成为历史。现在人们普遍认为杰斐逊的"禁运政策"是错误的。我们无法理解,为什么七十多年前没有人怀疑过该政策。1807年到1808年间,人们认为禁运是卓越的治国之道,既能有效防守又能主动进攻。当时,这种观点深入人心,人们都习惯性地认同并支持。现在也有人赞同这项政策。联邦党人的报纸曾为该政策大声疾呼。许多最有影响力的商人,为了使竞争力较差的对手筋疲力尽,也站出来强烈支持禁运。当时所有人都认为,这次禁运和以前一样,持续时间不会太长。联邦党人提醒大家,杰斐逊的《禁运法案》与以前有关禁运的法案不同,并没有任何时间限制,但很少有人担心会有危险发生。

杰斐逊认为,商船上公民的财产和海员的安全若想得到保护,商船就得停泊在美国港口,而到了公海上,货物和人都可能被掳走。对外贸易的限制不亚于对国内贸易的限制。杰斐逊认为禁运政策并没有损害美国形象。他描绘了英国工业不景气时商人遭受损失,大量的英国工匠流离失所、无饭可吃的情景。杰斐逊说,英国的劳动者不可能像美国人那样轻而易举地找到新的工作。他们也不会像美国农民那样有存粮可吃。听杰斐逊说话的口气,好像所有美国人都是农民。杰斐逊完全没考虑到靠贸易生存的沿海居民。杰斐逊认为,沿海居民充满爱国热情,受到损失后也不会闹事,美国的禁运会引起许多英国人的不满,他们将会叫嚷着威慑英国议会和政府。全国大多数人都对杰斐逊的禁运政策充满信心。查尔斯·科茨沃思·平克尼先生从英国带来了令人振奋的消息,证实了该政策对英国造成的压力。这些都是杰斐逊实施禁运政策的正当理由。行政主义者们在辩论中认为,有两方面的问题必须要搞清楚:第一,既然禁运是一项国内措施,是为了保护美国的商船和海员,就应该同时积极备战。若一直用禁运来保护自我未免有些荒谬。因为禁运时间一长，就会带来负面影响。只要各国找到处理彼此关系的新方式，禁运就该解除。第二，禁运涉及外国事务——其实就是为了影响英国的立法，就像在做实验。既然实验注定要失败，我们就应该放弃。

事实上，应从这两个方面做出权衡。若从第一方面入手，为解除禁运而辩论是不可取的，因为事情还没有发展到用充足的武力保护人和财产的地步。政府的政策显然管不了国外的事情，禁止商人在海上贸易就是为了间接地保护他们。当国家有足够的实力，能够直接用武力保护他们时，自然就解禁了。如果要为后来的解禁辩护的话，必须从禁运政策对国外的影响入手。英国政府对美国的禁运政策置若罔闻。美国中断贸易后，商人们可能只是暂时受到损失。无论如何，他们是国家政策的受害者。禁运政策注定要对国家的航运和贸易产生深远而持久的影响。英

讽刺《禁运法案》的漫画：商人躲避禁运

第17章 海上的困境与禁运政策

国的既定目的是搞垮美国的贸易,因为美国贸易给英国带来了严重威胁。在英国内阁成员的眼中,禁运是竞争对手自己送上门来的好事,他们高兴都来不及。杰斐逊应该明白英国能在更长的时间内保持稳定的政策,赚取比美国更多的利润。在英国,受到禁运影响的英国人不多。而在美国,整个航运业和商业界都处于供不应求的状态,最终将导致贸易的彻底毁灭。禁运在美国持续的时间越长,就越能帮助英国实现自己的计划。禁运是一项长期政策,如果禁运失败了,美国将一败涂地。即使成功了,美国贸易也会遭受严重的损失,无法在激烈的竞争中立足。无论怎样,英国人定会获得相当大的利益。美国贸易遇到的每一次挫折都促进了英国贸易的发展。

如果禁运对英国没有什么好处,那对法兰西帝国也没有什么好处。禁运政策没有造成任何损失,法兰西帝国当然愿意美国继续禁运下去。英国人在雄心勃勃地发展贸易。拿破仑·波拿巴非但没有感到不安,看到敌人的补给被切断反倒感到十分满意。

英国的政策既精明又有效。1812年战争之前,美国商人已饱受挫折,在战争中他们又历经艰险,遭受损失。贸易和航运利益受损的主要原因是美国政府自己造成的。如果政府的限制在合理的范围之内,商人们就可以保存足够的实力。杰斐逊的禁运措施出台之后,进行相关立法时考虑欠佳,使商人们本有的一点实力毁于一旦。杰斐逊曾对贸易比较反感,现在却无意中让美国贸易受损,很难恢复元气。他这样做不是出于恶意,而是完全不懂贸易。

杰斐逊没有意识到自己给商人们带来了损失,更不会承认这有悖于自己的初衷。联邦党人讽刺道,联邦党执政期间,从来没有见过如此"强大的政府"。联邦党人的禁运与杰斐逊这可怕的无限期禁运相比,简直是小巫见大巫。联邦党人真正讨论的是禁运时间长短的问题,而不是该不该禁运的原则性问题。如果禁运是一种合法的措施,禁运期限应该按照当时的情况而定。有人认为,《禁运法案》没有明确规定禁运结束的时间,所以该法案没有效力。也有人认为,禁运毁坏了贸易,与宪法相悖,最高法院可以将其废除。杰斐逊将美国公民关在国门之内,来保护他们的财产和人身安全,这是温情主义政治的极端做法。就其本身而言,禁运政策不但不民主,而且极其愚蠢。杰斐逊也许认为自己很明智,商人们的本金不受损失,还有利润可赚。商人们并非愚蠢无能,比杰斐逊更了解贸易。

杰斐逊似乎在利用自己的影响力强行禁运。人们并不认为这是一种明智合理的措施。这种说法正确与否,需依据美国和英国出现的实际情况来判断。实施禁运后,美国国内并无异样,国外也没引起什么骚动。杰斐逊无法影响国外之事,这无可厚非,但国内的事情都在他的掌握之中。若杰斐逊主张建立海军,增强国防,或者有意开战,只要向国会知会一声,国会就会立刻照办。杰斐逊用至高无上的权力坚定地维护了和平。

杰斐逊的传记作家们起初很愿意充满热情地讲述,杰斐逊之所以实施禁运,是因为国会和民众都不反对这项政策,后来又说这个理由有点勉强。这种说法难以让人信服。杰斐逊作为总统就应该比普通民众更有智慧,就应该承担引导民众的责任。国会坚持禁运的理由与他们第一次实施禁运时的理由相同。约翰·亚当斯先生认为实施禁运是"总统的职责"。这也是美国国会内外多数人认同禁运的原因。杰斐逊起初只是支持约翰·亚当斯的观点,后来却对其大力宣扬。直到后来禁运政策变得不得人心,成为败局时,杰斐逊才开始觉得总统的这种"责任"使自己筋疲力尽,厌烦透顶,欲去之而后快。说句公道话,当政府犯错误时,反对派通常会提出合理的反对意见。没有人能给杰斐逊提出合理的意见,因为联邦主义者们比行政主义者更加盲目。联邦主义者对禁运的批评表明他们对禁运的真正后果一无所知。他们只看到了禁运给英国造成的伤害,污蔑地称"禁运"是杰斐逊为暗中帮助法兰西帝国而制定的一项"狡

第 17 章 海上的困境与禁运政策

诈"的政策。除了对英国人的要求卑躬屈膝外,联邦主义者们也提不出什么好的建议。

1807年12月18日,杰斐逊向国会提出禁运的建议。1808年3月23日,杰斐逊写信给马萨诸塞州的李维·林肯,说:"法案得到了批准,除了你所在的州外,其他州的联邦党人都同意该法案。实际上,除战争之外,我们能打的最后一张牌只有禁运。"1808年6月23日,杰斐逊写道:"不可能继续延长禁运期限,战争已为期不远。"1808年8月9日,杰斐逊总统写信给战争部长亨利·迪尔伯恩,信中的语气与"威士忌酒税暴动"发生时所用的语气截然不同。这话是说给大西洋彼岸的敌人听的,而不是针对正在受禁运之苦的美国公民。杰斐逊说:"波士顿

亨利·迪尔伯恩

的托利党人公然进行威胁,如果禁止进口面粉,他们就要暴动。当务之急是阻止他们暴动。恐怕当地的州长控制不了这里的叛乱局面。一旦出现非法暴力事件的征兆,希望你能火速抵达现场,帮助州长平息骚乱。"

杰斐逊既没有被这来自新英格兰强烈的怨言所吓倒,也没有因此而改变自己的想法。杰斐逊认为战争已"为期不远",可这一天始终没有到来。

1808年9月,杰斐逊感到很失望。他本想通过长期禁运迫使英国改变对美国的政策,但毫无成效。与英国外交大臣乔治·坎宁谈判时,查尔斯·科茨沃思·平克尼先生推断英国有可能废除枢密院令。杰斐逊说:"我不太相信外交中得出的推断,更不相信英国外交大臣乔治·坎宁的诚意。"转眼间到了1808年11月7日,国会又开始开会。全国上下都在焦急地等待着,想听听杰斐逊对国会有何指示,是否会宣布战争即将开始?国外的失望,国内的不满,以及后来总统选举中共和党在新英格兰各州的失利,会不会对杰斐逊产生影响呢?杰斐逊没有明确表态。杰斐逊说,自己曾向英国暗示,不管法兰西帝国采取什么行动,只要英国撤回枢密院令,美国就会停止对英国的禁运。英国内阁并没有注意到杰斐逊的这种意向。杰斐逊坦率地承认,通过禁运影响英国立法的措施已化为泡影,并说必须"依靠国会的智慧决定最适合当前事态的政策"。显然,杰斐逊不想再提出任何建议,也不想再承担责任。杰斐逊有点得意,因为禁运"向外国表明了美国国会多么坚定,多么能克制自己"。杰斐逊没提及英国人令人恼怒的自满情绪。他们看着美国人长期忍受痛苦,自己却从中受益。杰斐逊也没有提及美国驻英公使曾向英国外交大臣乔治·坎宁提议,如果英国废除了枢密院令,美国将停止禁运。乔治·坎宁这位刻薄的绅士说愿意帮助美国摆脱禁运,英国发现禁运给美国造成了很多不便,可英国不能因此而撤回枢密院令。拿破仑·波拿巴还以讽刺的口吻发布了一项法令,要求扣押所有在海上发现的美国商船。还说,

乔治·坎宁

法兰西帝国出于与美国的友好关系，帮助美国阻止因犯法而逃跑的船只。杰斐逊并没有向国会提起拿破仑·波拿巴的这番话。

为了避免战争，杰斐逊开诚布公地说自己不想发动战争。禁运本是一项临时措施，但在杰斐逊的支持下成为一项长期的政策。事实表明，杰斐逊像君主一样拥有至高无上的地位。众议院通过了一系列决议，支持继续实施禁运。在参议院，一项直接废除《禁运法案》的决议最终以六票赞成，二十五票反对未能通过。1808年12月21日，参议院又通过一项强制执行《禁运法案》的法案。不久，杰斐逊和行政主义者就发现，自己做的蠢事令人害怕。马萨诸塞州议会谴责《禁运法案》不公正，具有强制性和压迫性，违背了宪法，没有法律约束力。康涅狄格州州长小乔纳森·特兰伯尔拒绝依照杰斐逊的新法案征兵，并向州议会建议要拒绝执行这项联邦法令。康涅狄格州议会通过了与马萨诸塞州相似的决议。公众舆论也认为《禁运法案》有不妥之处。有影响力的联邦党人开始提议，如果不为该法案制定明确的计划，各州应脱离联邦。

听到这些威胁后，杰斐逊变得犹豫不决，情绪不太稳定。1808年11月，杰斐逊还没有废除禁运的想法。1809年1月14日，杰斐逊说，最初制定禁运政策的目标已经实现，禁运政策已"完成了自己的使命"，到了该废除的时候。几天后，国会又通过了一项法案，决定在1810年5月额外举行一次国会会议，并在1810年6月1日废除《禁运法案》，然后"以武力恢复和维护航海权"。从杰斐逊1809年1月14日的观点来看，他显然为国会的决议感到高兴。实际上，杰斐逊依旧痛苦地坚持和平的愿望。他抱怨道："如果现在开战，恐怕我们永远不可能看到还清债务的那一天。如果能再和平发展八年，我们将摆脱债务，我们的收入必定能够足以应对任何战争，不用收税也不用贷款。我们的地位和实力将日益增长，终将超越别的国家。"1809年1月25日，来自弗吉尼亚的威尔逊·尼古拉提出1809年6月1日废除禁运的决议。威尔逊·尼

第17章 海上的困境与禁运政策

古拉是杰斐逊的朋友，也是众议院的行政主义者的领袖。通过激烈的辩论，废除《禁运法案》的日期定在 1809 年 3 月 4 日。这次投票预示着政府禁运政策的失败，将废除禁运的日期提前了三个月。十八个月后，杰斐逊写道："当时联邦党人暂时占了优势，迫使政府废除禁运，损害了美国的利益。"人们都不知道杰斐逊这时候在想什么。他知道自己的政策失败了，但不愿意承认。杰斐逊失望而痛苦地看到自己的政策无法推行，内心极其焦虑，极想摆脱尴尬。此时，杰斐逊很渴望辞去总统职务，比当年想辞去弗吉尼亚州长的那种感觉有过之而无不及。在离职前，杰斐逊不想做出任何决定，不想提任何建议。1808 年 12 月，他甚至说："我不参与制定任何措施的做法是正确的，因为政务将交给我的继任者。我的主要任务是去做一个旁听者。"换句话说，离职之前，杰斐逊已宣布提前三个月卸任了。1809 年 1 月底，杰斐逊重申："现在我快要退休了，除了表决以外，我不参与任何事情。我的继任者现在应该开始参与制定措施，因为他将执行这些措施并承担责任……再过五个星期，我就可以摆脱这难以忍受的苦差事了。"

国会决定缩短禁运期限时，杰斐逊未发表任何观点。1809 年 3 月 4 日，杰斐逊卸任时就像八年前任总统时一样高兴。他从失望、失败中解脱了出来，也摆脱了即将面临的尴尬。在执政的最后几个月中，杰斐逊很无助、很困惑，也很值得同情。杰斐逊的禁运政策最终失败了。他的个人声望虽然有所减损，但依然很高。全国绝大多数人认为他是足智多谋、品德高尚的伟大政治家。杰斐逊成功地将政府交给了继任者詹姆斯·麦迪逊。詹姆斯·麦迪逊深受杰斐逊的影响，在政治上支持杰斐逊。杰斐逊卸任后，他们仍然保持着好友关系。这种现象在美国历史上绝无仅有。杰斐逊无权提名自己的继任者。詹姆斯·麦迪逊之所以成为下一任总统，是因为他政治地位高、功勋卓著、执政能力强。在选举中，詹姆斯·门罗是詹姆斯·麦迪逊的竞争者，选举活动进行得很艰难。

杰斐逊公开宣称，自己对两位竞选者不偏不倚，每一位都是他爱慕和信任的人。詹姆斯·门罗将信将疑，情绪比较冷淡。在杰斐逊的抚慰下，詹姆斯·门罗别无选择，只能保持沉默，因为丝毫没有杰斐逊支持詹姆斯·麦迪逊的证据。杰斐逊在很久之前就想让詹姆斯·麦迪逊继任总统，别人肯定也知道他的意愿。

民众中许多有影响力的人恳求杰斐逊继续担任总统候选人。若杰斐逊想成为候选人，一定会得此殊荣，但他急流勇退，没有半点犹豫和徘徊。杰斐逊已多次强调总统任职期限的原则问题。他现在引退比继续担任候选人更能获得好声誉。再者，时局动荡不安，国家的前景不容乐观。

杰斐逊在总统第二任期结束时六十五岁，从政约四十年，中间偶有中断，也可忽略不计。杰斐逊从政期间好运连年，在世界历史上极为罕见，在民主政体中更是史无前例。杰斐逊在总统职位上载誉而退，一点也不比乔治·华盛顿逊色。在七百万人口的自由国度，难免众说纷纭，意见不一，但杰斐逊的廉正和政治判断力为自己树立了坚定的信心，不论制订对外还是对内政策，他都有权发号施令。杰斐逊没有军功，但对美国的影响深刻而久远，任何人都不能和他相提并论。杰斐逊虽然有缺点，但真正为民众着想。杰斐逊认为，民众的福祉是政府的最高目标，但他并没有像上级对下级的施舍一样给予民众恩惠。杰斐逊尊敬民众，认为他们有无限的聪明才智和力量。别人称杰斐逊是煽动家，但他在宣传自己的学说时不乏真诚。杰斐逊坚信自己的政治原则，不仅因为这些原则十分正确，而且他确信这些原则最终会盛行。杰斐逊和那些趋炎附势的政客不同。他把个人成功的希望寄托于正确的原则之上。杰斐逊也不同于事必躬亲的政治家。他制定了具体政策，具有坚定的政治信仰。在杰斐逊开创的宽阔政治道路上，具体政策就像是铺路的石子。杰斐逊也有不真诚的时候，而且常常前后矛盾，善于趋利避害。从总体上看，

卸任总统后的杰斐逊

从弗吉尼亚议会进行重大改革起,杰斐逊所确定的目标和制定的政策都以人道主义为崇高目标。直到今天,民众仍然怀念和敬重杰斐逊,以表达对这位朋友的感激之情。许多总统都和杰斐逊一样曾服务于民众,但没有人像他那样尊重民众,让民众感到荣耀。

第 18 章

退休后的工作与政治观点

精彩看点

退休后的工作——扩大美国领土——给财政部长的建议——对战争的看法——邪恶的一面——密苏里妥协案——南北分界线——关于奴隶解放的观点——与司法部门的斗争——声明和抗议

杰斐逊对公共事务的兴趣已成为内在需求，一时半会儿难以消失。退休后，杰斐逊经常与新总统保持书信往来，偶尔行使党内职权。这与亚历山大·汉密尔顿在联邦党内的权力完全不同。人们恶意的调侃也随之而来，言下之意是现任总统詹姆斯·麦迪逊只是前总统杰斐逊的傀儡。詹姆斯·麦迪逊当然不可能成为任何人的傀儡，但别人的调侃无疑会伤害新总统的感情并降低他的威信。杰斐逊敏锐地察觉到詹姆斯·麦迪逊的处境，减少了与新总统的往来。

大家应该注意杰斐逊提出的关于公共事务的一些观点。杰斐逊认为，新政府领导下的国家会在一段时期内和平而繁荣，战争是一种"亏本的买卖，而非无限制的掠夺手段"，能避则避。杰斐逊指出："现在的欧洲处于狂热状态，我们不能以正常的眼光审视荣誉。"当时国家正准备签订一个贸易条约，杰斐逊力劝詹姆斯·麦迪逊，在原则问题上不能让步，不能像过去签订的《杰伊条约》那样，让英国迫使美国立约。

杰斐逊做梦都想扩大美国领土。他说：

> 拿破仑·波拿巴会以低价将佛罗里达及其附近地区卖给我们，以阻止我们与西班牙殖民地的残余势力联合。这些地区本该属于我们。战争爆发后，我们才意识到佛罗里达及其附近

地区特别重要。尽管困难重重，我还是同意古巴加入我们的联盟……我们应该在独立战争中就把北方纳入联邦。我们应该拥有一个辽阔无边的自由国度。我相信，我国的宪法在扩大领土和自治方面早已十分完善。

这些话是杰斐逊在1809年说的，完全是在做白日梦！

到目前为止，杰斐逊已经改变了自己对商业和制造业的敌视态度。他说："农业、制造业和商业的平衡发展是我们独立的必要条件。制造业满足我们的消费，又能促进原材料的生产。商业则将我们过剩的农产品推向市场，换来自己不能生产的物品。"

杰斐逊写信给财政部长艾伯特·加勒廷，敦促他要不遗余力地偿清国债。杰斐逊说："还清债务对政府的命运至关重要，这完全取决于詹姆斯·麦迪逊先生和你自己……实现这一目标将给你带来荣誉，国家也会感激你。"杰斐逊很尊重艾伯特·加勒廷。1810年冬天，有人攻击艾伯特·加勒廷，共和党内也产生了分歧。杰斐逊尽其所能阻止这一分歧。杰斐逊高谈雄辩，宣扬党内和解，并制定了党内一致性原则。激进派和保守派欣然接受了这一折中性的原则。

1812年春，杰斐逊意识到英国和美国的战争一触即发。他写信给一位英国朋友，说："英美两国就要开战，但不是我和你开战。两国本可以通过和平的方式实现互惠互利，为什么要开战呢？上帝肯定会宽恕我们的政府诉诸战争的做法，因为从来没有一个国家像我们承受过如此多的苦难。"杰斐逊和詹姆斯·麦迪逊的忍耐力为常人所不及，他们为避免即将到来的战争尽了自己最大的努力。

杰斐逊以乐观的态度审视这场灾难性的战争。他希望美国能够保卫自己的港口并收回英国所占的领土。杰斐逊说："今年，我们获得加拿大至魁北克附近的土地，为我们接下来进攻哈利法克斯做好铺垫，最终

总统任上的詹姆斯·麦迪逊

要把英国人赶出美洲大陆。"由此可见,杰斐逊军事方面的才能的确难登大雅之堂。杰斐逊说:"英国的支持者竭力怂恿我们选择海洋作为战场,那是美国的弱点、英国的强项。"奇怪的是,许多地方都强烈要求杰斐逊担任1812年的总统候选人。杰斐逊的党众对他的敬仰已达到了盲目的程度。亨利·兰德尔先生还告诉我们"詹姆斯·麦迪逊的一位知己听詹姆斯·麦迪逊亲口说,要把国务卿的职位交给杰斐逊"。1812年10月1日,杰斐逊就这一话题写信给威廉·杜安①,说:"我信奉罗马人的观点,昔日的将军如果能为自己的国家做些有益的事,今天就是当下士也值得尊敬。若为了一己私利而置公共利益于不顾,则是虚荣。岁月不饶人,我已经老了,体能衰减,精神也大不如以前。"杰斐逊显

威廉·杜安

---

① 威廉·杜安(1760—1835),美国记者,生于纽约,1788年移居加尔各答,1791年创办《孟加拉日报》,1794年移居美国,创办了《费城极光报》,曾在1800年支持杰斐逊成功竞选总统。——译者注

第18章 退休后的工作与政治观点

得忧郁而且顾虑重重。信的最后,杰斐逊满意地说:"清楚地意识到自己的能力有多大,并不想让朋友们来可怜自己,无论何时退休都无所谓。"这可能是一个借口,也可能不是,因为杰斐逊总是唠唠叨叨地说自己早已年老体衰。

杰斐逊乐观地推断,和平最终会到来。他希望"英国能够承认在海上强制征兵的暴行,并承诺摒弃这样的暴行"。否则,英美之间只有战争,永远无法和解。杰斐逊强烈反对英国对美国的敌视和仇恨,希望上帝保佑这一切能够改变。他说:"我非常真诚地希望能和英国平等友好地交往……我知道英国人的走狗将我描绘成了英国的敌人。相信这种说法的人要么是傻瓜,要么认为我是傻瓜。我也不希望看到英国受到侮辱和伤害,也不反对英国政府罪大恶极的行事准则,更不想与英国制订对外政策的人为敌。我无法确定英国是否会在政治原则中讲一点道德,不知道英国是否会对我们以礼相待,或至少以中立态度对待我们。我要强调的是,世界上还没有一个国家像英国一样,让我们为了与之建立友谊而做出如此大的牺牲。"

杰斐逊善于消除仇恨。他总是希望和解、原谅,让失去或破裂的友谊重归于好。与约翰·亚当斯吵完架后,杰斐逊非常诚恳地和约翰·亚当斯沟通。这只是杰斐逊人格魅力的诸多例证之一。人们觉得杰斐逊和蔼可亲。最令人遗憾的是,根据记载,他也像魔女"阿拉斯"一样,具有邪恶的一面。人们普遍认为,杰斐逊总是充满善意,但杰斐逊有时也会纵容自己无情地报复别人。要不是因为这个原因,美国民众对他的看法会大不一样,好像透过杰斐逊仁慈和友善的一面,窥视到了他本性的另外一面。

1820年,杰斐逊对《密苏里妥协案》深感不安。

杰斐逊说:"该法案事关重大,就像夜晚的火警警铃一样惊醒了我。我立刻意识到该法案对我们的联邦是一种凶兆。暂时相安无事,但不知最终会如何。""《密苏里妥协案》标志着美国南方和北方的领导人就密苏里地区变为自由州还是蓄奴州的问题，在道德和政治原则上相互妥协达成一致，并在地理上画出一条自由州和蓄奴州的分界线来。这条分界线一旦被确定，恐怕再也无法从我们的头脑中抹去。该分界线会在不同的场合被反复提起，不断激起人们的愤怒，直到彼此之间产生致命的仇恨。总体来说，分为两个不同的州也比一直不和更可取。"

杰斐逊预见到了内战，说："我们会不会再次看到雅典人和斯巴达人的联盟？是否会再一次爆发伯罗奔尼撒战争？"杰斐逊虽然预见了未来可怕的战争，但没能认清冲突的性质和结果。杰斐逊说："这不是道德问题，而是权力问题。《密苏里妥协案》的目的是从地理位置上划出一条线来，作为选举总统时的准则。如果法案不生效，争论将会一直延续下去。"人们都认为道德因素隐含在表象之下，杰斐逊却认为以后的冲突与道德无关，南北分裂后北方受到的影响更大。杰斐逊预测道："北方人会发现，南北的分界线与北纬三十六度自由州和蓄奴州的分界线完全是两回事。以制造业和航海为生的各州将为了自己的生计而纷争不断，经历一些困难之后，他们将言归于好，根本不用担心。"

此外，杰斐逊认为国会干涉了各州的权利。他谴责"国会为新成立州的人口设定了不同条件。这本来是各州的特权，宪法不能剥夺各州的权利而将其赋予联邦政府"。杰斐逊奴隶解放的观点始终没变，但他比以前更加注重实际困难。他说："这种财产（奴隶）的割让是无足轻重的小事，'奴隶'这种称谓本来就不对，我不会再考虑此事。通过财产割让，可在大范围内实现奴隶解放和迁移，而且我认为，若能谨慎处理，奴隶解放将会慢慢变为现实。我们现在似乎骑虎难下，既无法消除奴隶制，也不能让它继续存在。"

1821年，杰斐逊再次表达了对司法部门的不满，并就此写了一些文章。后来，在约翰·昆西·亚当斯执政期间，杰斐逊对内部改良政策

奴隶主与黑人奴隶

的彻底胜利颇感恼火,放弃了与司法部门的斗争,绝望地服输了。杰斐逊认为"舆论的洪流不可抗拒",并因此暗自伤怀。他无法接受从宽解释宪法。杰斐逊认为,无论从宽解释宪法有多大优势,都是对宪法的扭曲。显然,杰斐逊比以前更不能容忍从宽解释宪法了,因为从宽解释宪法后无法控制贸易,不能为政府带来声望。杰斐逊从理论层面入手,用一种抽象的方式来保护自己的学说不受侵犯。在实践中,杰斐逊的学说却显得苍白无力。杰斐逊为弗吉尼亚州议会起草了冗长的《声明和抗议》,并以一般性立法的方式加以确立,其中列举了国会的无能。因为美国各州有权批准国会尚未通过的内部改良法案。杰斐逊认为,用国家的资金建设运河和道路违反了宪法,可能导致联邦分裂。他说,国家的资金"在人们遭受了巨大灾难时才能使用"。杰斐逊的惊慌毫无根据,他提出的措施也解决不了什么问题。杰斐逊的确已悄然老去,这是他所参与的公共事务中最后一件值得提起的事情。

第19章

晚年的贡献和最后的时光

精彩看点

"圣人"形象——好客的前总统——源源不断的参观者——妻子的债务——经济上的困难——处理财产——全国各地的资助——弗吉尼亚大学——是不是基督徒——最后的岁月

杰斐逊的个人形象颇具戏剧色彩。卸任总统职务之后，这位老人展现出善良与睿智、慷慨和理性，一副"蒙蒂塞洛圣人"的模样。杰斐逊觉得这样的形象无可厚非，认为在这个时候就需要保持这样的形象。杰斐逊将这样的形象一直保持到了最后。起初，杰斐逊想做蒙蒂塞洛的隐士，但很快发现，像他这样的隐士一般会为声名所累。全世界的慕名者都纷至沓来，一探究竟，所以还不如退休来的稳妥。杰斐逊十分好客，在以好客闻名的弗吉尼亚也很少见。他的客人络绎不绝，源源不断。有亲戚携家带口而来，也有父母带着孩子前来拜访，一待就是几个月。朋友们也把这里当成了自己的家一般。各路社会名流时常到此小聚一番，这让杰斐逊十分开心。蒙蒂塞洛就像展览馆一样，有上进心的文明人都来"参观"前总统。美国各行各业的人们仿佛迟早都能找到去往蒙蒂塞洛的理由，去拜访这位"隐者"。亨利·兰德尔有一封信这样描述当时的场景：

> 一年中至少有八个月的时间几乎是每天都有零零散散的客人来访。男男女女，老老少少，有的来自国外，有的来自美国各州。他们中间不乏商人富贾，也有时尚达人。有公务人员，也有技术人员，有军人，有医生和律师，也有牧师和

神父。国会议员、外交部长、传教士、印度来的代理商、旅行者、艺术家、陌生人,以及杰斐逊自己的朋友都会到杰斐逊家中做客。他们到此,有的是出于个人对杰斐逊的尊重,有的只是来猎奇,有的是经他人推荐,有的只是来看看偶像,也有来凑热闹的。

人们挤满杰斐逊的房子。一些人甚至站在走廊边上看着杰斐逊在屋里来回走动。杰斐逊在树下休息或者去广场小坐时,都会有人蜂拥而至,盯着他看。这样的情形让杰斐逊即开心又烦恼。在周围人的眼里,杰斐逊仿佛就是传说中的怪物。有时杰斐逊也会去远处的农场躲两天清静。任何时候都显得谦和善良,这也是他的本性所致。在农场小住的日子里,有人从窗外偷偷地向屋里观望,也有人私下里向杰斐逊的朋友抱怨前总统躲在农场里不肯见人。

杰斐逊理应预见到自己退休后最初几年的生活。他的家就像是一个宽敞而出名的旅店,客人们来的很多,却没有人想过要支付相应的费用。最多的时候,需要为来客准备五十张床。家里的佣人和马夫们忙得无暇顾及劳动生产,大部分的吃喝用品都需另外购买,家里的钱日渐耗尽,娱乐的方式不得不变得简单,但杰斐逊觉得这样的付出很值得。当时在别人眼里,杰斐逊的生活令人艳羡,但高额的开支必然使他的生活更加拮据。此外,其他方面的压力相继而来。在独立战争之前,杰斐逊的妻子曾欠下英国人的债务。杰斐逊尽管极为诚信,但还是很难偿还。杰斐逊将妻子名下的部分土地以金价售出,最终只卖得相当于总价百分之二点五的价钱,而且还是纸币。根据战时法令,杰斐逊若将这笔钱上缴国库,所欠英国人的债务就由国家承担,并可宣告债务人无罪。战争快要结束时,杰斐逊拒绝了这项对自己有利的债务承担方式。在给债权人的信中,杰斐逊写道:

蒙蒂塞洛

我很愿意与您商议此事。如您所愿，您将收到我偿还的款项。如果您满意的话我将十分欣慰。不论是现在弗吉尼亚的法律条文还是将来会出现的新的法律条文，都不会影响我的决定。我希望以真正的正义来对待此事，这样的正义来自理性而并非专制或强权。我会解决这笔款项带来的种种问题，毕竟这笔欠款由我产生。我会支付三十七万四千九百一十二美元的欠款，这相当于我一半的财产。

保持诚信虽然代价巨大，但是值得。当杰斐逊从国库领到微薄的资助款后，想起了那些曾拥有过的土地。他惋惜地说："这些钱能买个不错的外套。"亨利·兰德尔曾说，由于英国军队的掠夺，杰斐逊的收入来源愈来愈少，"他损失的财富相当于英国人掠夺的财富以及这些财富所产生的利益的总和"。在政府供职期间，杰斐逊主要靠工资生活，时常会入不敷出。只有在担任副总统时才积累了一些存款。据亨利·兰德尔估计，卸任总统时杰斐逊的个人资产有二十万美元，但扣除债务后具体数目就不得而知了。这笔相当可观的资产中包含了房产和家居陈设，以及价值不菲的藏书，还有土地和奴隶。实际上蒙蒂塞洛的财产和奴隶都已经用来抵债。杰斐逊的个人收入已经满足不了日常开支。经济上的困难使杰斐逊日渐潦倒，变得一无所有。其实在情况变糟以前，杰斐逊就以两万三千九百五十美元的低价将自己的藏书卖给了国会。这笔钱也未能维持多久。1819年，杰斐逊为自己的好友威尔逊·尼古拉做了两万美金的担保。威尔逊·尼古拉并没有被人诟病，但这次担保使杰斐逊的经济状况变得更糟。虽然杰斐逊内心煎熬，但他依然友好地与威尔逊·尼古拉相处。杰斐逊的所作所为常为人们所称赞，也曾有人为之动容。

无论欠款人多么善良、诚实、与众不同，欠款都必须偿还。杰斐逊

第 19 章 晚年的贡献和最后的时光

这位昔日的美国总统当时的境遇和其他农场主一样，濒临破产。那时也不是将资产都变卖为现金的最佳时间。如果将最后的这点财产变卖，杰斐逊就会一无所有，成为彻底的穷人。杰斐逊试图从已经废除的弗吉尼亚州法律中寻找解决办法。杰斐逊请求立法机构，希望能以公平的、现实的办法处理自己的财产。杰斐逊说："我可以保留蒙蒂塞洛的房子以及周边的农场，这样我余生就有地方住，死后也有地方安葬。如果不能如愿，我就只能将这里的所有房产变卖，带着家人住到贝德福德郡去，那里起码有一间木屋可供我们安身。"杰斐逊的请求一提出就遭到了反对。在信中，杰斐逊谦逊地说："与我之前的担忧相比，现在的问题更多。我不确定立法机关是否会无视我的请求。我本来信心十足，却发现是我高估了自己，心中不免有点失落。"事实并未让杰斐逊失望，授权法案在两院以高票通过，杰斐逊十分欣慰。这个方案最终并未实行。这一消息传开后，全国各地都有人出钱给予杰斐逊帮助。有人集会倡议，大一点的城市已经开始捐款。就像亨利·兰德尔所说，"那些曾受过这位前总统恩惠的人们，现在看来要回报他了"。杰斐逊拒绝了国库借款和赠予者的好意。他说："无论在任何情况下，我都不会拿国库一分一毫。政府偶尔给予我补助，我已经很满意了。我乐意接受他人自愿给予我的帮助。我的付出是我收入的三倍。我要把我的一生都奉献给美国民众。"杰斐逊还说："人们以这种崇高的方式，自告奋勇地帮助我这位年迈的退休公务员，使我不至于无家可归。这些钱没有一分是从纳税人身上榨取的，它们都是来自纯粹的善心，完全出于自愿。"

别人的慷慨只能让杰斐逊最后的时光过得较为安稳，除此之外没有任何帮助。杰斐逊离世后，他的财产依然笼罩在债务的阴影下，捐助也已停止，遗嘱执行人必须处理所有的遗留问题。田地以每亩三到十美元的低价出售。即使如此也无法偿还欠款。所幸的是遗嘱执行人偿还了剩余的欠款，没有一个债权人因为杰斐逊的离世而遭受损失。

人生的最后几年中，杰斐逊将自己的主要精力和财力都投入到了弗吉尼亚大学的创办上。作为该校的校长，他工作勤勉有成，但过程却曲折艰难。弗吉尼亚大学的办学初衷是一所非基督教大学，引来了很多不必要的麻烦，也让杰斐逊耗费了不少精力。在杰斐逊看来，大学不应该有任何特殊的宗教信仰。他一生坚持的宗教观念引发了很多争议。杰斐逊的竞争对手不断攻击他，而他的朋友一直坚持反驳这种指责。人们的争论让杰斐逊十分恼火，但他不想站出来辩驳并结束这场争论。谈到此事，杰斐逊的语气里透着不快。这是他个人的选择，并且他也表示不会援手建立宗教裁判所。杰斐逊的孙子说，家人对杰斐逊宗教观念的了解也不比其他人多多少。杰斐逊不可能成为坚定的基督教信徒，也没有谨慎地反驳他人。从收集到的各种证据来看，杰斐逊不是基督徒。当然，对于这些证据，仁者见仁智者见智。亨利·兰德尔认为杰斐逊是基督徒，但给出的证据也不过是关于杰斐逊相信上帝和超神力的一些言论。这些都不足以证明杰斐逊信仰基督教。杰斐逊会穿着整齐地去教堂，也会像一位布道者一样庄严地谈论上帝，但总是慎言笃行，除了尊敬地称基督为人类的导师之外，不发表任何对上帝的评价。杰斐逊在一封信中曾写道："只有上帝希望每个人都信仰他的时候，我才是一个基督徒。我比任何信徒都崇尚上帝的教义，因为上帝拥有了所有人类的智慧，却别无所求。"杰斐逊将基督、苏格拉底和埃皮克题图做了比较后说，基督在三十三岁时离世，他的理性还没有发挥最大的作用，他对人类的劝诫也还没见效，也许再有三年，基督就能够建立一个拥有完美道德体系的社会。杰斐逊传播的教义零零碎碎、残缺不全，有些时常让人产生误解。杰斐逊认为基督是一位道德家，没有特殊的灵感，与神没有联系。正如莎士比亚不同于一般的戏剧家一样，基督也不是普通的说教者。他们的能力远高于一般人，且承担了自己应承担的责任。杰斐逊的追随者认为基督具有神性，他们中有人对杰斐逊的见解持反对态度，但却无力反驳。

第19章 晚年的贡献和最后的时光

在生命的最后几年里,杰斐逊专注于客观地记录自己经历的事情。也许杰斐逊是当时最伟大的书信作家。他精力充沛,一直自由地写作。在生命的最后时光里,杰斐逊又为自己找了一份繁重的工作——给每一位读者回信。杰斐逊时常走神或者犯错,自己的想法必须写下来才能记住。他曾说:"一厢情愿地出版自己的书信是一件危险的事,这样的人应该关进监狱。"杰斐逊认为自己1790年到退休前所有的信都被保留下来了。这些信就像是一个巨大的文库,后人可从信中了解准确的历史。与此同时,杰斐逊还尖锐地批判了约翰·马歇尔所著的《华盛顿传》,认为其内容太过片面。得知约翰·昆西·亚当斯将要编辑约翰·亚当斯的作品,杰斐逊忧心忡忡地说:"我们需要了解真相,因为历史一旦被扭曲就会变成根深蒂固,很难更正。"去世前不久,杰斐逊写信给詹姆斯·麦迪逊说:"你是我一生的支柱,在我人生的最后时刻请您来看看我。"杰斐逊甚至莫名其妙地产生了一种焦虑,为后世的史书中对联邦党人的赞誉超过共和党人而忧心不已。事实证明杰斐逊的焦虑不是没有道理。在广大读者面前,联邦党确实比共和党更具实力和优势。

岁月催人老,杰斐逊不再是那个大家熟悉的精力充沛的人了。他陷入了无助的恐惧之中,智力减退,身体衰弱,各种迹象表明他的精神也陷入了一种病态的不安之中。杰斐逊甚至猜想自己真正的状态要比别人看到的差得多。即或在逐渐丧失记忆的时候,杰斐逊依旧保持着清醒的意识。虽然在出版的书信中很少发现杰斐逊抱怨的只字片语,但却能感受到他的忧郁和愁苦。杰斐逊再也不能对工作吹毛求疵,不能因完成工作而欢欣鼓舞,但他在历史上的权威依然存在。退休后,杰斐逊依然透露出勇敢和友善。比起死亡的威胁,杰斐逊也许更害怕失去工作的能力。1826年初,杰斐逊的身体状况变得更糟。1826年5月中旬,杰斐逊彻底病倒了。春天的时候他还手不释卷地阅读《圣经》和希腊悲剧,但很快阅读也成了奢望。1826年的7月4日,杰斐逊知道自己将不久于人世,亲人们都围在他的身边。他多希望能够看到第二天的太阳啊！时间在慢慢流失，杰斐逊也愈来愈虚弱。朋友们不想让他失望，毕竟人在生命最后时刻的渴望是如此神圣。在弥留之际，杰斐逊的意识已经模糊，但他仍然坚持着这份渴望。生命就是这样，无论杰斐逊的求生欲望多么强烈，最终还是离开了这个世界。就在杰斐逊去世前大约一小时，约翰·亚当斯在佛罗里达州加斯登县昆西镇与世长辞。约翰·亚当斯在最后的时刻挣扎着说："托马斯·杰斐逊还活着！"在历史上，这样的巧合绝无仅有。

专有名词英汉对照

Wales	威尔士
Snowdon	斯诺登峰
Mayflower	"五月花"号
Tuckahoe	塔卡霍
William Randolph	威廉·伦道夫
Henry Weatherbourne	亨利·韦瑟伯恩
Punch	潘趣酒
Rivanna	里瓦那河
Shadwell	沙德韦尔
Monticello	蒙蒂塞洛
Williamsburg	威廉斯堡
Tucker	塔克
Parton	帕顿
William Small	威廉·斯莫尔
Ossian	奥西恩
Raleigh	罗利
Francis Fauquier	弗朗西斯·福基尔
John Page	约翰·佩奇
Bathurst Skelton	巴瑟斯特·斯凯尔顿
John Wayles	约翰·威思
Henry Randall	亨利·兰德尔
Marseilles	马赛
South Carolina	南卡罗来纳
Georgia	佐治亚
Patrick Henry	帕特里克·亨利

杰斐逊总统：独立战争、国父时代与共和思想在美国的滥觞

Albemarle	阿尔伯马尔
Botetourt	博特托尔
Narragansett Bay	纳拉甘塞特湾
Earl of Dunmore	邓莫尔勋爵
Committee of Correspondence	联络委员会
Massachusetts	马萨诸塞
Boston Port Bill	《波士顿港口法案》
Peyton Randolph	佩顿·伦道夫
Edmund Burke	埃德蒙·伯克
James I	詹姆斯一世
Hanover	汉诺威
Westminster Hall	威斯敏斯特大厅
Lord North	诺斯勋爵
George Nicholas	乔治·尼古拉
Mercer	默瑟
Philadelphia	费城
Lord Chatham	查塔姆勋爵
Benjamin Franklin	本杰明·富兰克林
Edward Rutledge	爱德华·拉特里奇
Bunker's Hill	邦克山
John Dickinson	约翰·迪金森
Thomas Paine	托马斯·潘恩
Lexington	列克星敦
Charles-town	查尔斯镇
Falmouth	法尔茅斯
Norfolk	诺福克
George Washington	乔治·华盛顿
Richard Henry Lee	理查德·亨利·李
John Adams	约翰·亚当斯
Roger Sherman	罗杰·谢尔曼
Robert R. Livingston	罗伯特·R. 利文斯顿
Pennsylvania	宾夕法尼亚
George III	乔治三世
John Hancock	约翰·汉考克
District Court	地方法院
Benjamin Harrison	本杰明·哈里森
Elbridge Gerry	埃尔布里奇·格里
Timothy Pickering	蒂莫西·皮克林
George Mason	乔治·梅森
George Wythe	乔治·威思

专有名词中英对照

James Madison	詹姆斯·麦迪逊
Edmund Pendleton	埃德蒙·彭德尔顿
Peter Carr	彼得·卡尔
Episcopal Church	美国圣公会
Richmond	里士满
Revolutionary War	独立战争
Carolina	卡罗来纳
Greene	格林军
Charles Cornwallis	查尔斯·康沃利斯
George Rogers Clarke	乔治·罗杰斯·克拉克
Phillips	菲利普斯
Hampton Roads	汉普敦水道
John Burgoyne	约翰·伯戈因
Camden	卡姆登
Horatio Gates	霍雷肖·盖茨
Leslie	莱斯利
Chesapeake	切萨皮克
Baltimore	巴尔的摩
Petersburg	彼得斯堡
Thomas Nelson	托马斯·尼尔森
Benedict Arnold	本尼迪克特·阿诺德
Charlottesville	夏洛茨维尔
Banastre Tarlton	伯纳斯特·塔尔顿
James Monroe	詹姆斯·门罗
Martha	玛莎
Mary	玛丽
Dabney	达布尼
Dene	迪恩
Ampthill	安特希尔
Gary	盖理
Gouvernail Morris	古弗尼尔·莫里斯
Sylvania	喜瓦尼亚
Michigauia	密希高尼亚
Cherronesus	雪龙斯
Assenisippia	阿森尼西亚
Mesopotamia	美索不达米亚
Illinoia	伊利诺伊
Saratoga	萨拉托加
Polypotamia	波力波塔米亚
Pickering	皮克林

Pelisipia	皮力西比娅
Portsmouth	朴次茅斯
Count of Montmorin	蒙莫林伯爵
Count of Vergennes	维尔热纳伯爵
Carthage	迦太基
Bastille	巴士底狱
Lafayette	拉法耶特
Versailles	凡尔赛宫
Archbishop of Bordeaux	波尔多大主教
Reign of Terror	恐怖统治
Robespierre	罗伯斯庇尔
Havre	勒阿弗尔
Daniel Shays	丹尼尔·谢司
Alexander Hamilton	亚历山大·汉密尔顿
Cowes	考斯
Henry Knox	亨利·诺克斯
Edmund Randolph	埃德蒙·伦道夫
Potomac	波托马克
Albert Gallatin	艾伯特·加勒廷
Mahomet	穆罕默德
John Wesley	约翰·卫斯理
John Marshall	约翰·马歇尔
William Giles	威廉·贾尔斯
Colonel George Mason	乔治·梅森上校
John Quincy Adams	约翰·昆西·亚当斯
Philip Freneau	菲利普·弗瑞诺
Georges-Jacques Danton	乔治·雅克·丹东
Girondins	吉伦特派
Jacobins	雅各宾派
Andrew Jackson	安德鲁·杰克逊
Gallic	高卢
Genet	热内
Charleston	查尔斯顿
Grange	画眉山庄
Delaware	特拉华
William Short	威廉·肖特
Jay's Treaty	《杰伊条约》
Charles Cozsworth Pinkney	查尔斯·科茨沃思·平克尼
George Clinton	乔治·克林顿
Aaron Burr	阿伦·伯尔

专有名词中英对照

Mifflin	米夫林
Directory	督政府
Nore Anchorage	诺尔锚地
Filippo Mazzei	菲利波·马泽伊
Samson	参孙
Solomon	所罗门
Cincinnati	辛辛那提
Lear	李尔
Richard Hildreth	理查德·希尔德雷斯
Talleyrand	塔列朗
Thermopylae	塞莫皮莱
Spartans	斯巴达人
Vermont	佛蒙特
Maryland	马里兰
Levi Lincoln	李维·林肯
Merry	梅里
Samuel Bishop	撒母耳主教
New Haven	纽黑文
James Thomson Callender	詹姆斯·汤姆森·卡伦德
Reynolds	雷诺兹
Louisiana	路易斯安那
Mississippi	密西西比
Court of Madrid	马德里法院
Carmichael	卡迈克尔
Florida	佛罗里达
Island of New Orleans	新奥尔良岛
St. Domingo	圣多明戈
Dupont de Nemours	杜邦·德·穆尔
Napoléon Bonapart	拿破仑·波拿巴
Allegheny	阿勒格尼河
Amiens	亚眠
Florida	佛罗里达
Wilkinson	威尔金森
Pierre Clément de Laussat	皮埃尔·克莱门特·洛萨
New Hampshire	新罕布什尔
Bedford	贝德福德郡
Christ	基督
Socrates	苏格拉底
Epictetus	埃皮克题图
Supreme Court	最高法院

Samuel Chase	塞缪尔·蔡斯
Copperfield	科波菲尔
Dick	迪克
Fries	弗里斯
Whigs	辉格党
Rufus King	鲁弗斯·金
Sermon on the Mount	登山宝训
Trafalgar	特拉法加
Moctezumas	蒙特祖玛二世
Alleghanies	阿利根尼山脉
Luther Martin	路德·马丁
War Department	战争部
Henrico	亨里科郡
Maine	缅因
Ohio	俄亥俄
Quids	奎兹
Salem	塞勒姆
Leander	利安德
Sandy Hook	桑迪岬岛
Charles James Fox	查尔斯·詹姆斯·福克斯
Copenhagen	哥本哈根
Gulf Stream	墨西哥湾流
Orders in Counci	枢密院令
Berlin	柏林
Milan	米兰
Halifax	哈利法克斯
Lexington	莱克星顿
Rose	罗斯
Tories	托利党人
George Canning	乔治·坎宁
Connecticut	康涅狄格
Quebec	魁北克
William Duane	威廉·杜安
Anas	阿拉斯
Missouri Compromise	《密苏里妥协案》
Athenian	雅典人